伊邪那美岐が明かす
国生み

白崎 勝
Masaru Shirasaki

郁朋社

はじめに

　伊邪那岐・伊邪那美の名前は、魏志倭人伝に登場するクニ名から1文字ずつ採った、名であることを見つけました。
　この名は「別天つ神五柱」の神々による話し合いで決められたもので、古事記と日本書紀は、ここから記録を始めていました。弥生後期、約100年間における日本国創生のスタートだったのです。

　第1部は、神々の「この漂へる国を修め理り固め成せ」の命に従って伊邪那岐命と伊邪那美命が、「国生み」という名の開拓に向かった報告です。
　倭国でつづいた、戦乱を収束させるため、二人の神が立ち上がります。そして「別天つ神五柱」による七日七夜の話し合いの末、伊都国王家の男子と、敵として戦った奴国の王女が呼び出され、海の向こうに新しい国づくりを命じられたのです。
　若い二人は失敗を重ねながらも、谷を拓き、島を拓いて穀物を植え、すでにやって来ていた人達をも励まし、懸命の努力をしました。海山で活躍した人に綿津見神・山津見神の称号を与えます。家を作る人、鉄を作る人、土器を作る人、水を分ける人、さまざまな分野で活躍する人に神の称号を与え、子らへの技術伝播を図ったのです。

　悲劇は突然に起きました。伊邪那美命が新しい開拓地で事故に遭い、亡くなってしまいます。駆けつけた伊邪那岐命は、最愛の

妻の悲劇に生きる力を失くします。それでもウジが湧く伊邪那美命の姿を見て、弱虫の心を跳ねのけ驚くべき再起の道を進むのです。この「国生み」を後の海神・龍王こと豊玉彦命が、大地に記録していました。
　伊邪那岐命・伊邪那美命の子の天照大御神（卑弥呼）を、統一倭国王に共立することは、神々の会合の中で決まっていたことでした。天照大御神が目指した国づくりが、「うしはくの国」でなく「しらす国」であったことが、覆ることのなかった日本の歴史の根源にあったことに気づきます。
　また卑弥呼亡き後の混乱が、台与（豊受大神）をたて国中は定まったと記します。13歳の少女にどんな力が秘められていたのでしょう。

　第2部は、高天原を追われ出雲に降った須佐之男命が、オロチ退治を行い、大国主命が国譲りするまでの謎解きです。
　開拓の中で生まれた須佐之男命は、母、伊邪那美命の死に遭遇し、泣き虫ながらも母親思いの成長を遂げます。しかし、須佐之男命・大国主命が目指した国づくりは「うしはくの国」だったのです。「しらす国」を目指す高天原の「国譲り」要求に屈し、ついに建御名方神の諏訪への敗走で、終わりを迎えます。

　第3部は、「日本武尊東征隊は、北海道に渡っていた」という仮説をたて、検証の旅をした報告です。旅の中から見つけたものは、渡島半島にある松倉山三山が指し示す東北の山々です。そして日本最大の地上絵で残した、北に向かう東征隊の熱き心でした。

伊邪那美岐が明かす　国生み　＊目次

目次

はじめに　1

第1部　国生み

第1章　おのころ島・・・・・・・・・6
第2章　国生み・神生み・・・・・・・・64
第3章　伊邪那美命の死・・・・・・・・101
第4章　伊邪那岐命の逃避・・・・・・・120
第5章　天照大御神・・・・・・・・133

第2部　出雲の国譲り

第1章　大蛇（おろち）退治・・・・・・・・182
第2章　大国主命・・・・・・・191
第3章　播磨国風土記・・・・・・・206
第4章　出雲の国譲り・・・・・・・216

第3部　飛ぶ鳥の明日香

第1章　飛ぶ鳥の明日香・・・・・・・242
第2章　北への旅・・・・・・249
第3章　「国生み時代」の提言・・・・・・・・284

おわりに　294

本扉写真：上立神岩（兵庫県南あわじ市沼島）

第1部　国生み

伊邪那岐命・伊邪那美命の像
（兵庫県南あわじ市沼島）

第1部　国生み

第1章　おのころ島

　日本の国の始まりに、列島の島々を生んだ神がいると、古事記・日本書紀は記しています。これを「国生み」といいます。この国生みという神の活動は、いったい何だったのでしょう。遠い古代のできごとを、現代の地図の中に訪ねてみます。

伊邪那岐命と伊邪那美命

　神々の命を受け、国生みを始めたのは伊邪那岐命、伊邪那美命の夫婦神です。古事記が記す、神々の系譜を図1に表示しました。二人は、国常立神に始まる神世七代の末裔で、三貴神と呼ばれる天照大御神・月読命・須佐之男命の父母でもあります。

```
別天つ神五柱
　　あめのみなかぬし　　たかみむすひ　　　かみむすひ
　　天之御中主神　　　高御産巣日神　　神産巣日神
　　うましあしかびひこぢ　　　あめのとこたち
　　宇摩志阿斯訶備比古遅神　　天之常立神

神世七代
　　くにのとこたち　　とよくもの　　　うひぢに　　　つのぐひ
　　国之常立神 ── 豊雲野神 ── 宇比地邇神 ── 角杙神
　　　　　　　　　　　　　　　いもすひぢに　　いもいくぐひ
　　　　　　　　　　　　　　　妹須比智邇神　妹活杙神

　　　おほとのぢ　　　　おもだる　　　　　　　いざなき
　　　意富斗能地神 ── 於母陀流神 ──────── 伊邪那岐神
　　　いもおほとのべ　　いもあやかしこね　　　いもいざなみ
　　　妹大斗乃辨神　　妹阿夜訶志古泥神　　　妹伊邪那美神
```

図1　古事記が記す、伊邪那岐命の系譜

第1章　おのころ島

「国生み」の始まり

　古事記は次のように記します。　　　　　　　（倉野憲司校注）
　ここに天つ神 緒(もろもろ)の命(みこと)もちて、伊邪那岐命、伊邪那美命、二柱の神に、「この漂へる国を修め理り固め成せ。」と詔(の)りて、天の沼矛(ぬぼこ)を賜ひて、言依(ことよ)さしたまひき。故(かれ)、二柱の神、天の浮橋に立たして、その沼矛を指し下ろして畫(か)きたまへば、鹽(しお)こをろこをろに畫き鳴(な)して引き上げたまふ時、その矛の末より垂り落つる鹽、累(かさ)なり積もりて島と成りき。これ淤能碁呂島(おのころじま)なり。

　日本書記は次のように記します。　　　　　（現代語訳　宇治谷孟）
　伊奘諾尊(いざなぎのみこと)・伊奘冉尊(いざなみのみこと)が天の浮橋の上に立たれて、相談していわれるのに、「この底の一番下に国がないはずはない。」とおっしゃって、玉で飾った矛を指し下して、下の方をさぐられた。そこに青海原が見つかり、その矛の先からしたたった海水が凝り固まって一つの島になった。これを名づけて磤馭慮島(おのころじま)という。

　伊邪那岐命・伊邪那美命を日本書紀では、伊奘諾尊・伊奘冉尊の文字で記しています。古事記と日本書紀は、使用する文字や表現はやや違うが、ほぼ同じことを言っているようです。
　1）二人は、神々の命を受け、相談して天の浮橋に立った。
　2）そこで矛を下して、畫くと青海原の先にオノコロ島が生まれた。
　いかに夫婦の伊邪那岐命・伊邪那美命でも、人が島を生むことはできません。神話として記述しているので、このような表現になったのでしょう。現実の人の行動として解釈してみると、この島生みは、青海原の先に島を見つけた、島であることを認識した、

第1部　国生み

島に名前を付けた、あるいは島を開拓した、ことなどの神話的表現とみることができます。さらに古事記は次のように記しています。

　その島に天降りまして、天の御柱を見立て、八尋殿を見立てたまひき。……「然らば吾と汝とこの天の御柱を行き廻り逢ひて……」とのりたまひき。かく期りて、すなはち「汝は右より廻り逢へ、我は左より廻り逢はむ。」と詔りたまひ、約り竟へて廻る時、伊邪那美命、先に「あなにやし、えをとこを。」と言ひ、後に伊邪那岐命、「あなにやし、えをとめを。」と言ひ……。生める子は、水蛭子。この子は葦船に入れて流し去てき。次に淡島を生みき。こも亦、子の例には入れざりき。

　ここで「見立て」には次の二つの意味があります。
　①選定、鑑定、診断　　例：妻の見立てによるネクタイ
　　　　　　　　　　　　　：医者の見立て
　②なぞらえる　　　　　例：枯山水の川に見立てた白砂

　古事記の記述は、出発地だった天にある御柱や八尋殿になぞらえた、という意味と考えます。そのなぞらえた「天の御柱」を伊邪那美命は右から、伊邪那岐命は左から廻ります。出逢ったところで、女性の伊邪那美命から声を、次に伊邪那岐命が声を掛け、結婚しました。ところが初めに生まれた子は、障害のある水蛭子で、葦船に入れて流しました。次に生んだのは赤ん坊でなく、淡島という島を生みますが、これも子供のうちに入れなかったと記しています。良い子が生まれなかったので、神々のところにアド

バイスを受けに戻りました。

　ここに二柱の神、議（はか）りて云ひけらく、「今、吾が生める子良からず。なほ天つ神の御所（みもと）に白すべし。」といひて、すなはち共に参上りて、天つ神の命を請ひき。……「女先に言へるによりて良からず。また還り降りて改め言え。」とのりたまひき。故、ここに反り降りて、更にその天の御柱を先の如く往き廻りき。

　神々のアドバイスを受け、オノコロ島に戻ると、もう一度「天の御柱」を廻ります。今度は、伊邪那岐命から声を掛けました。

地図１　おのころ島伝承地

国生みの謎

　実際にあった二人の活動が、このような神話的表現になったと考えると、次のような謎が浮かびあがります。

　謎１　二人が立って相談した天の浮橋はどこか？

　人が天空から浮橋を伝って、降りることはできません。ここの天とは神々が住んだ高天原のことで、近くに浮橋と呼ばれる場所があったのでしょう。

　謎２　沼矛を指し下ろして畫くとは？

　矛の先からしたたった海水が凝り固まって、島になることはありません。何を表現したのでしょう。

　謎３　オノコロ島とはどこか？

第1部　国生み

　オノコロ島とされる、伝承地がいくつかあります。地図1です。淡路島周辺に多く、博多湾沖と出雲にもあります。

　伝承地①、淡路島の東南にある沼島です。沼島の東海岸には、高さ30mの巨岩「上立神岩」が立ち、天の御柱と言われています。（写真1）また沼島の南の山上には「おのころ神社」があります。

写真1　上立神岩

　伝承地②、淡路島の絵島。明石海峡に面した岩屋港にある小島です。（写真2）伝承によれば水蛭子は、この岩屋から流され西宮神社に流れ着いたと言われています。

　伝承地③、南あわじ市にある、おのころ島神社です。（写真3）現在は内陸にありますが、古代この付近は海に浮かぶ小島だったと言います。

写真2　絵島

　伝承地④、島根県安来市にある、十神山が候補です。古代は島だった山で、伊邪那岐命と伊邪那美命を除いた神世七代の神々が祀られています。

　伝承地⑤、ほかに紀丹海峡の友ケ島の沖ノ島、播磨灘の家

写真3　おのころ島神社

島、鳴門海峡の飛島、博多湾沖の小呂島・能古島なども候補になっています。

謎4 淡島はどこか？

淡島も子供だという説も見ますが、現実の島としたらどこにある島なのでしょう。

研究方法

伊邪那岐命と伊邪那美命は、その後の「国生み」という島生みで、多くの島に名前を付けています。島に名前を付けるには、そこが大きな陸地とつながっていないか、一周してみて初めて分かります。そう考えると、二人は多くの島を巡る航海をしていたことがうかがえます。地図の中に島々を訪ね、現地も訪ねて謎を考えてみたいと思います。

これまでの、私の謎を解く研究方法は、全国の同種・同名の山の配置や繋がりを調べる方法でした。そして、その山の麓に立って見て、何故その山にその名前を付けたか、考えてみました。

伝承が残る場所も訪ね、地形や方角について考えてみることにしています。すると方角に対するこだわりが見えてきます。いずれにしても良く考えることだと思います。

伊邪那岐命と伊邪那美命には、水蛭子の他に、天照大御神・月読・須佐之男命が生まれます。三貴神と呼ばれる、この三人はどのように育ったのでしょう。須佐之男命は大きくなると、出雲に向かいます。天照大御神の孫・邇邇藝命は高千穂峰に降臨し、その曾孫の神武は大和へ東征しています。こうして日本の国は形づくられていくことになります。図2は神武に続く系譜です。

第1部 国生み

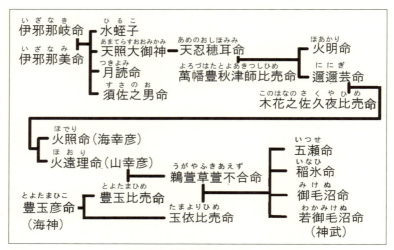

図2 神武に続く系譜

　これまでの同種・同名の山の調査で、見えてきたことがあります。それは、天孫降臨の旅や神武東征・日本武尊東征が、国づくりの大きな事業であることを認識し、足跡を後世に残す努力を古代人がしていたことです。この「国生み」でも、同名の山などによる記録が、あったに違いないと考えています。
「国生み」の調査は、まだ緒に就いたばかりですが、これまでの調査結果から、この国生みの後の、天孫降臨や神武東征がどのように記録されていたかを、先にお話ししておいた方が、歴史のつながりが良く見えると思います。詳細はこれまで『丘と岡が明かす天孫降臨』(郁朋社)と『たかとりが明かす日本建国』(梓書院)の著で報告しました。ここでは概略をお話ししておきます。

第1章　おのころ島

天孫降臨

　記紀（古事記、日本書記の総称）は、葦原中国(あしはらのなかつくに)の国譲りが成ったので、伊邪那岐命の曾孫にあたる邇邇藝命を、天降らしたと記しています。

　ところが向かった先は、国譲りの舞台の出雲ではなく「高千穂のくじふる嶺」でした。そして、このくじふる嶺の場所がどこか謎になっていました。

　この「高千穂のくじふる嶺」の候補は複数あって、
　①宮崎県の高千穂町
　②霧島の高千穂峰
　③博多湾沿岸
　などが挙がっていました。
　この、高千穂のくじふる嶺を、同名の高尾山を直列に並べて、指し残していたことが、これまでに分かっています。このことから、話を進めていきます。

「タカ型」山名の山

　山名の頭に「高・鷹」がつく「タカ型の山」が、全国に多くあります。
　その中の一つが高尾山・高雄山・鷹尾山です。この山は神武東征隊が進んだ経路に残した山でした。その概要はまた後で述べます。
　九州には八つの高尾山が見つかりました。そのうち壱岐、唐津、人吉の高尾山が直線で結ばれていて、北に伸ばすと対馬の峰町を経て、魏志倭人伝に登場する狗邪韓国(くやかんこく)比定地の金海につながるこ

とを見つけました。地図2です。南に延ばしてみると、高千穂峰までも直線がつながっていたのです。

韓国に向ひ

狗邪韓国から、対馬国、一支国、末盧国を経て高千穂峰までの直線が見つかり、邇邇藝命が高千穂のくしふる嶺で詔(みことのり)したという、次の一節をすぐ思い浮かべました。

『此地(ここ)は韓国(からくに)に向ひ、……。故、此地は甚吉(いとよ)き地(ところ)』

地図2　韓国に向かう直線

　邇邇藝命は、高千穂峰から狗邪韓国に延びるこの方角を知っていて、この山に登りこの一言を詔したのでしょう。宮崎県側の霧島東神社付近から登り、高千穂峰で朝を迎えたとき、眼下の山々が雲海に浮かぶ島々のように見え、このとき霧島と名づけたのかも知れません。また狗邪韓国方向にある山に韓国(からくに)岳と名づけたと考えます。

　『此地は韓国に向ひ、』の一言は天孫降臨の場所を、朝鮮半島に向かいあう北部九州沿岸に比定する説も生みましたが、こうして高千穂峰で述べられたことに確定できる一言でもあったのです。

　この狗邪韓国から高千穂峰に至る直線の角度を、山のソフト「カシミール3D」で調べると、152度でした。今ひとつ驚くのは、

この角度は壱岐付近での夏至の日の出方角が、62度だったことです。(図3) 152度と62度の差90度は、夏至の日の出の方角を東としたときの、南北線に相当することです。「くじふる嶺」は奇し日である夏至の、特別な方角にある山という意味なのでしょう。

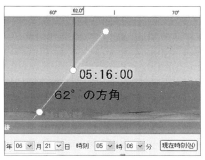

図3 夏至の日の出方角

記紀の記述と下山道

古代を訪ねる九州の旅で、高千穂峰に登ったことがあります。その時に見た下山道の風景が、記紀に記す高千穂峰から後の道程と、よく一

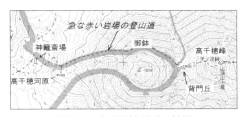

地図3 高千穂峰付近の地図

致していることが分かりました。地図3に付近を表示します。
●背門丘(せとお)を天の浮橋と記す。

宮崎側から高千穂峰に登った邇邇藝命一行は、高千穂峰から一旦下り、御鉢につながる鞍部を通ります。ここは背門丘と呼ばれていて、鞍部の両側が雲海であったなら、天に浮かぶ橋に見えたことでしょう。
●御鉢を二上峯、添(そふり)の山峯と記す。

添の山峯を、音の似た韓国のソウルにある山とする説もありま

第 1 部　国生み

すが、そうではなく高千穂峰に寄り添うようにある御鉢だったのです。麓の神籬斎場(ひもろぎ)から見える御鉢は、両端が立ち上がった姿で神々しく、別名を二上峯と呼ぶにふさわしい山容です。（写真4）

写真4　御鉢

●急な岩場の登山道を梯子と記す。

御鉢から降りる岩場の登山道を、後ろ向きに岩に掴まりながら降りる姿は、梯子を降りる姿に似ていて、ここを日本書紀本文で梯子と記述していることが分かります。（写真5）

写真5　登山道

●神籬斎場付近を浮島平と記す。

登山道を降りたところの神籬斎場は、霧の中を下りてきた人には浮島に見えたのでしょう。

丘と岡に記録した天孫降臨の道

高千穂峰を下りた邇邇藝命は、笠狭碕(かささのみさき)に向かう道程を○○丘と○○岡という、同種の山名で記録していたことが分かりました。

地図を開き高千穂峰付近をみると、文字岡や虎ヶ尾岡という山が見つかりました。さらに高千穂峰から野間岬に向かって、岡が続いて見えるので、順に、No2～46までの番号を振ってみまし

第1章　おのころ島

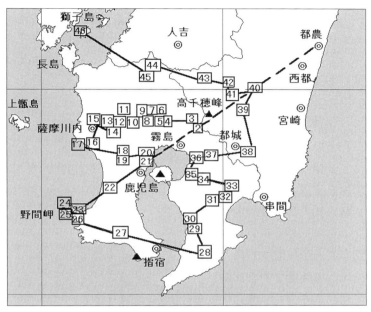

地図4　南九州の丘と岡

た。結果は逆「の」の字の形となっています。地図4です。

　No1は天孫降臨の候補地でもある、高千穂町の「国見が丘」としました。この国見が丘には、邇邇藝命が国見をした伝承があるので、北部九州にある高天原を離れた邇邇藝命は、この高千穂町を経由して、宮崎平野の西都に向かった足跡と考えました。

　また点線を書き加えたように、21,22,23の直線が高千穂峰に向かっていて、さらに39,40、41がつくる矢印の先は、西都付近を指し示しているように見えます。『笠沙の御前を眞来通りて、朝日の直刺す国、夕日の日照る国なり。故、此地は甚吉き地』の一言を思い浮かべます。

17

第1部　国生み

　高千穂峰を降りた邇邇藝命が、笠沙の御前に向かった経路に見えますが、その経路は高千穂峰や西都を強く意識したもののようです。薩摩川内市から、いちき串木野市に至った後、この方角を意識しあえて姶良市の方角に向かっています。

　野間半島の先までは「岡」続きとなっていますが、先端から引き返す南側では「丘」に転じています。その後の調査で、丘―岡―丘と岡を丘で挟んで、その間で一年を要した遠征と分かりました。全体で七年をかけた旅です。南九州に灌漑稲作を普及し、都萬国を建国する遠征だったのです。都は西都市の都萬神社付近で、魏志倭人伝は投馬国と記しています。

魏志倭人伝に記す方角

　先ほどの地図2の狗邪韓国に延びる直線に、魏志倭人伝に登場するクニグニの比定地を付け加えてみました。地図5です。

　魏志倭人伝は対馬国から一支国への渡海を、「また南に一海を渡る」と記しています。しかし地図で分かるように、対馬の東端から南に進んでも、一支国（壱岐）は外れてしまいます。152度の方位を南と記していると考えました。―28

地図5　倭人伝が記す方角

度偏向していることになります。紀行文の途中から方角基準を変えては位置が分からなくなります。そこで上陸後も、この基準で行程の方角を記録し続けたのでしょう。この太陽の南天を南としない基準が、その後の混乱を招いてしまいました。

地図5を傾けて、南北を152度線に合わせてみてください。唐津市呼子へ上陸後の「東南伊都国」「東南至奴国」「東行不弥国」の表現は、それぞれの比定地、糸島市、春日市、宇美町で合っています。

さらに、不弥国から「南至投馬国」の西都も該当し、ここを都とした理由も邪馬台国の奇し日の南だったからでしょう。

古代の航路の記録

魏志倭人伝は「南、投馬国に至る、水行二十日」と記しています。この投馬国への航路が見つかったと考えます。九州の西岸には長崎鼻の地名が多くあります。調べたところ、伊都国または唐津市呼子から鹿児島湾奥の宮浦宮までの、長崎鼻による水行十日の航路だったのです。地図6です。

寄港地に入る目印の岬に、長崎鼻と名づけていたよう

地図6 投馬国への航路

第1部　国生み

で、近くには見張所の山が見つかります。表1です。

　この航路地図は的山大島(あづち)から平戸瀬戸を通過し、長崎半島西岸沿いに南下して、天草の本渡瀬戸を経ています。陸地沿いに航路を選んでいるように見えます。航路の終点は鹿児島湾の奥です。西都に向かうのに、佐多岬の外海を通らないで済む、安全を考えた航路です。

　投馬国の歴代の王達は開拓のため各地を移動していたので、いきなり都の西都に向かっても会えるかどうか分かりません。

　終点の式内社・宮浦宮は大王の現在地情報を得る場所だったのでしょう。ここは西都、都城、肝付(きもつき)、霧島など、どちらに向かうにも中心となるところで、便利な場所と言えます。大王が薩摩半島に居た場合は、いちき串木野で情報を得ることができます。

表1　投馬国航路の寄港地

日程	港、浜または島	距離 Km	港の目印	見張り山
⑧	対馬市豊玉町		長崎鼻	
⑨	壱岐原の辻、筒城浜	80		
⑩	呼子	31		
⑪	馬渡島	16	長崎鼻	番所ノ辻
⑫	的山大島	22	長崎鼻	番所岳
⑬	黒島	50	長崎鼻	番岳
⑭	長崎半島の脇岬	82	長崎半島	遠見山
⑮	天草市の鬼池	49	長崎鼻	天神山
⑯	長島の西岸	55	長崎鼻	物見鼻
⑰	串木野港付近	57	長崎鼻	遠見番山
⑱	坊津	66	番屋山	
⑲	指宿の長崎鼻	52	長崎鼻	辻の岳
⑳	宮浦宮	86	長崎鼻	

＊投馬国へ距離　約535km　平均漕航距離　約54km／日

第1章　おのころ島

　対馬の長崎鼻は豊玉町にあります。ここは山幸彦の妃・豊玉比売の父で、海神あるいは大綿津見神(おおわたつみかみ)とも呼ばれた、豊玉彦命(図2神武の系譜参照)に関係の深い町です。和多津美神社(わたつみ)があります。

　指宿の長崎鼻も、山幸彦と豊玉比売が出会った開聞岳の麓にあります。魏の使いが通った航路は、山幸彦時代に豊玉彦命が拓いた航路と考えました。この航路開拓で海神と呼ばれるようになったのでしょう。

　出発地点が呼子で、日程が十日だったことから、「南、投馬国に至る水行二十日」の記述は、帯方郡からの合計日程であったことが分かります。帯方郡から末盧国までの一万里が、水行十日だったのです。

　さらに邪馬台国への行程の記述「水行十日陸行一月」も、呼子から邪馬台国への陸行の日程が、一月だったことも分かります。

侏儒国・裸国・黒歯国への航路

「長崎の鼻」などを含めて、長崎鼻は全国に29個所、見つかりました。大村湾内、五島列島周囲にもあることから、大村湾内や五島列島への航路も拓いていたことが分かります。

　さらに瀬戸内海にも長崎鼻があり、結ぶと航路に読み取れます。魏志倭人伝は「女王国の東、海を渡ること千余里でまた国がある。皆倭種。また侏儒(しゅじゅ)の国がその南にある。人の長は三・四尺。女王国を去ること四千余里」と記しています。

　単にうわさを記したのでなく、交易のあった地域であることが見えてきました。日本書紀は神武東征も終わる戦いで、葛城に「土蜘蛛がいて、その人態は身丈が短く手足が長く、侏儒に似ていた」

と記しています。東征途次に侏儒に出会っていたことが分かります。

魏志倭人伝は、さらに「また裸国・黒歯国が東南にあり、船行一年で至ることができる」とあります。長崎鼻は太平洋側に和歌山の白浜、鳥羽、銚子にあり、日本海側は若狭湾の高浜町にあります。

これらも航路と考えると、鳥羽から銚子までは400km以上離れていて、表1のように一日の漕航距離は50〜60km程度なので、中間に寄港地があったことが考えられます。そこで見つかったのが、和歌山県の長崎鼻があった「白浜」です。

白浜は美しい白砂の浜への、形容からついた名称と思っていましたが、この航路の寄港地に名付けられた浜だったのです。

当時の船は岩礁があるかも知れない浦には入らず、浜に船を引き揚げる着岸だったと思われます。古代の倭国が国づくりに向け、躍動的な活動をしていたことが見えてきて驚きます。裸国・黒歯国が見つかったかも知れません。黒歯国とは歯を染める「お歯黒」の風習がある国という意味です。

長崎鼻と白浜、さらに豊玉彦命との関係と思われる豊浜・玉ノ浦などを寄港地と考え、航路地図を作成しました。地図7です。

①侏儒国・裸国・黒歯国への航路

この航路は北部九州を出発し下関海峡を通り、四国の西岸を南下して太平洋に出ます。四国沖・熊野沖・東海沖・房総沖を経て、銚子の長崎鼻に到る最長航路です。途中、28寄港地を比定できて航海日数29日になりました。

第1章　おのころ島

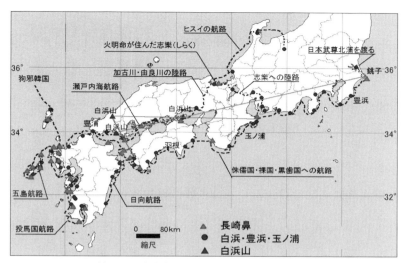

地図7　山幸彦時代、豊玉彦命が拓いた航路

　ただ、もっと寄港地があるかも知れません。先の投馬国への水行十日の表現は、日待ちを含まない航海日数の表現だったことが分かっていました。この約29日の航海日数は「裸国・黒歯国が東南にあり、船行一年」と記した表現が女王国から船行「一月」の誤りだったことも見えてきます。

　『草書体で解く邪馬台国の謎』（2013 井上悦文）の説です。魏志倭人伝の国名記述で対馬を対海国に、壱岐を一大国などと記しています。これは著者・陳寿が草書体で記していたものを、死後に魏の正史として楷書に書き改めた際、草書では良く似た字体の文字を誤って写したという説です。

　字体の楷書・行書・草書の中では草書が早く生まれて、陳寿（233～297）の時代の楷書は、萌芽的な時代だったとのこと

です。

　壱岐の支と大、邪馬台の臺（台の旧字）と壹（壱の旧字）も草書では良く似ていて、誤りの原因として納得できる説です。図4のように「月」と「年」も良く似ていて、船行一月が一年と書き写されてしまったと記しています。上記調査の寄港地の数が、この説を裏付けた格好となりました。

図4　草書の同形文字

　航路東端、銚子を黒歯国と想定し訪ねてみました。船が着岸したのは、犬吠埼の北側に続く「君ケ浜」と思われます。近くの高台の集落、高神には渡海神社があり、豊玉彦命こと綿津見大神が祀られていました。

　郷土への恩返しのため私設で開いたという「外川ミニ郷土資料館」を訪ねました。長崎鼻の航路や黒歯国のことを、島田泰枝館長に話すと、さっそく近所の高齢の方を訪ねてくれて「自分はしなかったが、大正の始め頃まで、お歯黒の風習があった」との証言を得ることができました。また銚子は砥石を産出するとのことで、航海の交易品の可能性も見つかります。

写真6　銚子の長崎鼻

第1章　おのころ島

　また白浜山が三山見つかり、組み合わせで鳥羽と銚子を指し示していました。地図7です。裸国・黒歯国として特定はできませんが、萩市山中にみつかる白浜山は、この裸国・黒歯国を記録しようとした、山中への名付けと考えます。

②日向航路

　この航路は黒歯国への航路の途中の宇和島から、佐伯港沖にある大入島片神浦の白浜に、続いているように見えます。別府湾に白浜が見あたらないのは、後にこの付近で神武と戦いになった状況と合致していて、この時も友好関係がなかったのでしょう。

　弥生時代後半に、南九州の日向・大隅の海岸部を中心として、瀬戸内海地方の土器や石包丁が流入しています。その経路が九州北東部を経ない、伊予→伊予南部→日向と考えられていて、この日向航路と一致しています。ただ初期の流入土器の中には甕などがあることから、豊玉彦命時代より、さらに古くから航路があった可能性もあります。

③瀬戸内海航路

　島続きの瀬戸内海航路は、姫路で終わっていました。これも当時の政治状況を反映しているかも知れません。舞鶴付近に長崎鼻や白浜が見つかります。火明命は大国主命に許されて、今の舞鶴市東部にある、志樂（しらく）に住むようになったと、風土記逸文に記されているので、火明命との関係を思い浮かべます。

　終点、姫路の白浜から加古川と由良川を結ぶ、水路で結ばれ

第1部　国生み

ていたと思われます。この舞鶴に向かって、もう一つ、三河湾の吉良白浜から内陸に、点々と白浜が続いています。銚子での交易品を最短で、舞鶴の志樂に届けるルートがあったのでしょう。琵琶湖を渡り、高島市の白浜に上陸して若狭へ山越えしていたと考えます。

　この時代の、鍛冶工房群や大型建物の遺構が見つかった、彦根市稲部遺跡はこのルート上にあり、三重県の同じ名の「いなべ市」と国道306号の鞍掛峠越で結ばれています。同じ名であるのは、偶然でないように思います。

　ルートの若狭への入口には、若狭国一宮の若狭彦神社があり、彦火火出見尊（山幸彦）と豊玉姫が祀られていました。この陸路が最も近いという地理認識ができていたことや、獣道でなく交易できる、本州横断の道がすでにできていたことが分かります。

　北部九州の倭国の高天原と、舞鶴に住む火明命の子孫は、盛んにやりとりしていたことが推測できます。

　神武東征の際に、火明命の子孫・椎根津彦（しいねつひこ）が速吸之門に突然現れ、水先案内をしています。瀬戸内海航路で椎根津彦は何度も丹波と高天原を往復していたので、高天原が東征の水先案内を依頼したのかも知れません。

　瀬戸内海の水先案内は大変大事で、明石海峡付近ではなく豊予海峡の速吸之門に現れても、不思議ではありません。後に倭国造に抜擢されたのも、この功績と火明命の血筋だったとすれば納得できます。

第1章　おのころ島

④ヒスイ航路

　舞鶴から越前海岸を経て能登半島へ伸び、終点が大町の青木湖畔に見つかった白浜です。糸魚川で産出する勾玉の原石のヒスイを、交易する道と考えヒスイルートとしました。

　しかし、さらに内陸に続くルートであったかも知れません。その先に綿津見神の末裔が名乗った、安曇氏に由来する安曇野があります。

　先の三河湾から琵琶湖を横断して、若狭にいたる経路にも渥美半島や高島町に安曇川という、安曇氏に関係すると思われる地名が見つかります。本州横断の道の出発点、吉良の白浜の先が、渥美半島なのも安曇氏由来と考えます。

⑤琉球航路

　琉球列島にも点々と白浜が見つかります。最西端は西表島で、現在の日本の西端、与那国島の近くです。

　地図8は1日の漕航距離を80kmとして、島々を結んでみたものです。久米島と宮古島間だけは240kmもあり、1日では渡れません。どうして渡ったのでしょう。

　漕航で一番怖いのは天候の他に、岩礁があります。ところがこの海原では、岩礁の心配がありま

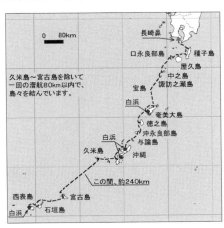

地図8　琉球航路

第1部　国生み

せん。宮古島入港の際の岩場の危険のみです。朝早く出発し岩礁がなければ、交代で夜も漕ぐことは可能です。

　方角は星や一定な潮流を見れば、かじ取りできるでしょう。翌日、30kmほどに近付けば島が見えてきて方角を修正し、夕方には着岸できたと考えました。

　これら豊玉彦命の航路の足跡は、邇邇藝命が天孫降臨の遠征時に名づけた、長崎鼻や白浜を採り寄港地に名づけたのでしょう。

　豊玉彦命は、伊邪那岐命・伊邪那美命の国生みから40～50年後の世代です。国生みでのできごとを知っていて、各地を巡る航海の中で、足跡を訪ねていた可能性があります。後にその足跡が大いに役立つことになりました。

会稽東治

　魏志倭人伝の記述に、倭人のルーツを示唆している箇所があります。倭の海人は体に入れ墨をしていて、水に潜り魚や蛤を採るが、中国東岸の会稽(かいけい)（浙江省紹興市の会稽山付近）の人々の、習俗と似ていると記しています。また、「其の道里を計ると、まさに会稽東治の東にあたる」と倭との位置関係も述べています。

　ところが「会稽東治」の記述について「治を冶に」修正した漢書もあって、東

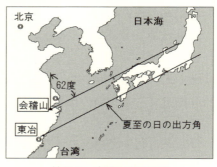

地図9　会稽と東冶の東

第1章　おのころ島

治は東冶（福建省福州付近）とする説と、あくまで会稽の東とする説があります。

そこで、これまでの方角基準、夏至の日の出方角62°の直線を会稽と東冶から、東に伸ばしてみることにしました。地図9です。

二つの直線は、西日本の北岸沿いと南岸沿いに並行させているように見えます。当時、倭種の人々が住んだと記す、中国地方や四国を包含した領域を示しているかも知れません。

魏志倭人伝の方角基準が倭人伝の記述の中で一貫していることや、草書体の同形文字「治」が「冶」からの写し誤りと、改めて明かされたように思います。

神武東征の記録

神武東征の足跡記録は、綿密に計画したものであることが分かりました。ある時、神奈川県にある「たかとり山」の配置は、日本武尊が「高取山から鷹取山」方向に進んだベクトル（矢印）ではないかと考えました。

日本武尊の伝承とも一致します。そこで全国に範囲を広げ「たかとり山」の位置を調べてみました。地図10です。

中国・四国・丹波地方の配置が高取山と鷹取山で

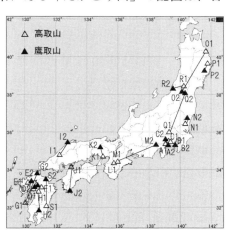

地図10　全国の「たかとり山」

第1部　国生み

対に見えます。東北の短い対の配置も偶然でないことが分かります。そこで、全ての対と思われる山を結び符号をつけました。奈良県を境に東を日本武尊東征、西は神武東征の足跡と考えました。

ベクトルI・J・Kは瀬戸内海を進んだ神武東征隊が、中国・四国・丹波へ遠征したことを記録したのでしょう。これなら東征に6年も要したと記す、日本書紀の年数も納得できます。

また、神武および日本武尊による二つの東征が、同じ「たかとり山」を用いているので、一連の建国の事業と認識していたことも分かります。壮大な建国の記録だったのです。

神武隊は本隊と合流した

九州の「たかとり山」の位置を拡大して、地図11に示します。

高取山から鷹取山を結んだ、6対のベクトルが見つかり、その内3対は朝倉市に三角域Tを形成しています。

ベクトルFは点線のように、日向に延びていて、神武兄弟が高千穂宮で東征を相談した後、Tに向かった足跡と考えました。倭国との連合のためでしょう。このベクトルが短いのは、多用の混乱を避けるためか、倭国の領域を意識した

地図11　九州の「たかとり山」

ものと考えます。

　ベクトルＤとＥは筑紫平野の人々が、Ｔに向かい集合したことを記録しています。直方市の鷹取山G2に延びるベクトルＧは、天草や島原の人々がＴ付近で合流した後、北九州市にある岡田宮方向に進んだ本隊を示しています。この本隊のことが記紀に記されていないため、その後の議論を生んできました。東征の最中に亡くなった、長兄の五瀬命の隊だったため記載がないのでしょう。

　ベクトルＨは、倭国連合で東征を決めた神武が、筑肥山地を越え日向に一旦戻った記録と思われます。日本書紀によれば神武は、日向から船で出発したとあるので、東征準備のため戻ったのでしょう。

　ベクトルＳは、西都原の男狭穂塚古墳横にある高取山から、宇佐神宮の南西にある鷹取山へ南北に延びていて、記紀が記す東征最初の行程です。西都原を出発したことが分かります。また日向を出発し、宇佐を経た後の「竺紫の岡田宮」迂回は、東征本隊との合流であったことも分かります。

　古事記は東征出発について、「すなはち日向より發（た）たして筑紫に幸行（い）でましき。故、豊国の宇沙に到りましし時、……」と記していて、これを順次式に読めば、まず筑紫に行ったことになります。迂回先の「竺紫の岡田宮」は、「筑紫」と異なる「竺紫」を使用しているので、目的地を最初に記したのではありません。この最初に記す「筑紫」は朝倉の三角域Ｔと考えます。

第1部　国生み

倭のクニグニは東征に参加した

　倭のクニグニが東征に、参加したことも記録されていました。地図12は北部九州の「たかとり山」分布図に、「○尾山」を追加しています。○には異なる文字が入り、「たかとり山」のベクトルを補佐しています。「○尾山」の中でも「高尾山」は特別に意識された山で、全国に高雄山や鷹尾山を含めて56見つかりました。

　魏志倭人伝に記す一支国の壱岐と、末盧国比定地の唐津に「高尾山」が見つかりました。先に述べたように、高千穂峰につながる魏志倭人伝の方角基準の山でした。

　伊都国比定地の糸島市には、同じ「高」がつく山名の「高祖山」があって、「世王在り」「一大率」がいたと記すように、特別な国であることが分かります。

　このように、神武東征や日本武尊東征の経路に沿って、「タカ型地名」があることを、井上赳夫が『日本古代文明の謎』で述べています。その例は豊後高田や熊野の高田で、東征で潅漑稲作を伝えたところとしています。

　奴国比定地の春日市、不弥国比定地の宇美町付近には大宰府市の「高雄山」があります。ここの「尾」が異なる「雄」となっているのは、経路の区切

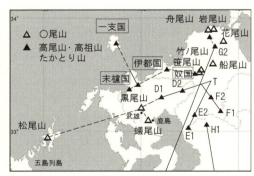

地図12　北部九州の「たかとり山」と○尾山

第 1 章　おのころ島

りのためでした。これらのクニグニも点線のように進み大宰府付近で、本隊に合流したことが読み取れます。

そして近くの米ノ山峠に笹尾山・竹ノ尾山を残して、合流後この峠を越えたことまで記録していました。

写真7　位登古墳（後方は船尾山）

その余(ほか)のクニの参加は五島、武雄、鹿島に「〇尾山」で記録しています。「高尾山」でないのは、魏志倭人伝に言う、旁国としての区別なのかも知れません。

若松半島の岩尾山、舟尾山を結ぶ線は、遠賀川下流の岡之水門付近を指し示します。山名の頭を採った岩舟は上流にある船尾山とあいまって、東征のための船を造った記録でしょう。

田川市にある船尾山の木の川出し地と思われる場所を訪ねてみました。すると遠賀川の支流・中元寺川があり、川端近くに位登(いとう)古墳がありました。写真7です。

古墳時代前期の前方後円墳で、組み合わせ式箱式石棺に人骨や小型仿製(ほうせい)・内行花文鏡1面などを、出土しています。数km下ればまた糸田町の地名が見つかります。伊都国の人が木の切り出しや、造船を采配したのでしょう。ここにも神武東征と伊都国の協力の跡が見えます。

第一層の「たかとり山」が概略の進攻方向を示し、二層の「高尾山」が一層を助け、三層の「〇尾山」が東征の事跡などを記録しています。真実を知る人のみが、できた内容で良く考えられた山名や配置は、用意周到な東征だったことが見えてきます。

第1部　国生み

　一支国の都とされる原ノ辻遺跡は弥生時代の遺跡ですが、古墳時代初期には衰退し、廃止されています。これは魏志倭人伝が記す250年頃の後、神武東征が行われ多くの人々がこれに参加し、人も減り廃止されたと推測できます。三角域Tは、このときの倭国の都で、卑弥呼が住んだところと考えます。

高天原
　高取山・高尾山などの「高」は、高天原の高と考えます。東征は国取りでもあるが、鷹や尾を用いていることから、「取」は東征が「高天原の遣いの鳥」と認識していたことも分かります。「高祖山」の高祖は高天原の祖のことで、天照大神（卑弥呼）の、出自が伊都国であることを残したのでしょう。

　地図13は三角域Tを拡大しています。約10km前後の辺の三角域は、筑紫平野の奥まったところで、扇状地形にあります。

　扇状地奥には、天照大御神を祀る美奈宜（みなぎ）神社があり、底辺部には多重環濠が残る平塚川添遺跡があります。

　三角域中央にある三奈木の名は、各頂点にある三つの「木」がつく地名の高木、甘木、杷木（は）が「高甘杷＝高天原」と暗に示す地名と考えます。古代人らしい工夫

地図13　現代地図での高天原

第1章　おのころ島

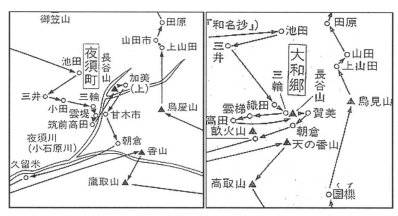

図5　九州から奈良への地名の移動（出典：最新邪馬台国論争）

です。

　ここは天照大御神が新しく都とした高天原で、それ以前の伊邪那岐命・伊邪那美命の国生み時代の高天原は、伊都国にあったと考えます。

　地名学者・鏡味完二が、九州と近畿で地名の名づけ方がよく一致していると発表していました。その後、安本美典はこの付近の地名が同じ地形の奈良に移動しているとし、地名比較図を作成しています。その地名図を比較すると東征後、神武が都とした橿原は、朝倉市の三角域に位置が一致します。

　日本書紀では古語として「……高天原に千木高く……」と神武の橿原即位を記しています。古語としているので、日本書紀編纂の720年頃には消えていたが、古くは橿原を高天原と認識していたことが分かります。東征は同じ地形に、高天原を移した遷都でもあったのです。

第1部　国生み

　橿原宮の北にある耳成山の命名は、魏志倭人伝が記す投馬国の官・彌彌が成した、建国の高らかな宣言でしょう。一方、魏志倭人伝は伊都国の王を、爾支だと記しています。音が近い邇邇芸命は伊都国の王だったと考えます。伊都国を出発し、朝倉の高天原を経て天降りの旅をしたのでしょう。

神武東征と倭国との連合は必然な行動

　邇邇芸命から数代を経て、神武兄弟が生まれ成長しました。ようやく東征の好機を迎えて、神武兄弟が高天原のある邪馬台国に出向き、倭国のクニグニと協力することは、必然な行動です。

　図14の岡田宮付近からの高尾山の列は、偶然の配置ではないことが分かります。神武が瀬戸内海を東進し、孔舎衛坂で敗退し熊野に迂回したことまで、高尾山で記録しています。

　地図15は調査した陸上隊の経路を含めた、神武東征の経路をまとめたものです。

地図14　高尾山による足跡

第1章 おのころ島

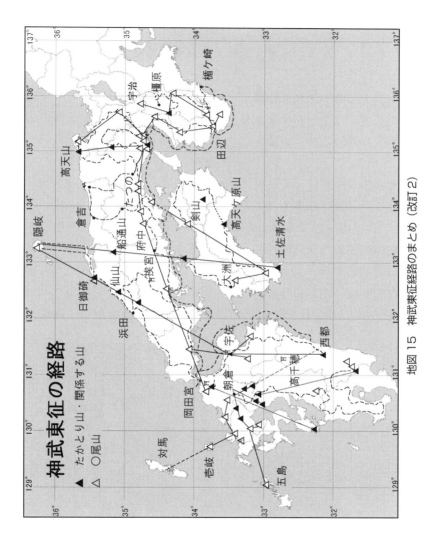

地図15 神武東征経路のまとめ（改訂2）

第1部　国生み

　宇佐から隠岐までの直線、隠岐から足摺岬までの直線は、陸上隊が進んだ経路の大略です。それぞれが、石見銀山、船通山を経ているのは、そこが重要な鉱物、水銀や鉄の産出地であることを知っていたのでしょう。
　山陰や丹波へ何度も往復して、隈なく遠征していることが見えてきます。丹後の高尾山から、京都の高雄山への直線は、天の橋立の上を通過させています。

　その他の同名による足跡の記録をみると、東征が多くの人達によって成し遂げた事業であることが分かります。
　図16は高塚山で記録した足跡です。出雲に始まり、河内での敗戦後、和歌山から熊野に迂回し、宇陀に出て最後が宇治で　終わっているのは、地図14と同じです。この遠征隊を率いた人が誰なのかは分かりません。
　地図17は高城山で記録した足跡です。島根県浜田市三隅町に

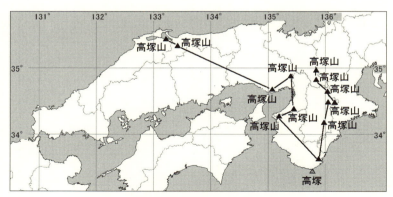

地図16　高塚山による足跡

第 1 章　おのころ島

始まっています。四国・鳥取・丹波と巡りますが和歌山に南下した後、宇陀で終わっています。

　地図 18 は高倉山に託した足跡です。山口市に始まり、一旦山陰に出た後、岡山から中国道を東に進んでいます。神戸の須磨から淡路島に渡り泉南、和歌山に進み宇陀で終わっています。戦場となった河内を、避けていることが分かります。

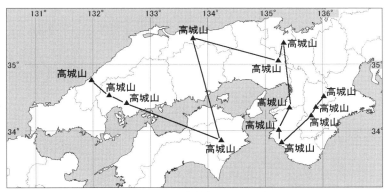

地図 17　高城山による足跡

地図 18　高倉山による足跡

第1部　国生み

　この足跡は、神武兄弟とともに、東征を決断した台与こと豊受大神が、東征の後を追った足跡であることが分かりました。宇陀の高倉山は、神武が国見したところと日本書紀に記述があります。
　山頂には、熊野で疲れていた神武に神剣・布都御魂を届けた高倉下(たかくらじ)が祀られています。登り口には豊受大神を祀る、稲荷神社があります。

　倭国との連合を含めると、東征に七年の歳月をかけた意味も、邇邇芸命が天孫降臨の遠征に、七年をかけたことに習ったのでしょう。このような大変な東征を成したからこそ、絶大な力をもつ大和王権が誕生できたと考えます。

日本建国のフロー
　これまでの調査検討結果から見えてきた、日本建国の過程を図6にしてみました。
　このフローは記紀が記す建国の過程に、魏志倭人伝の情報を加

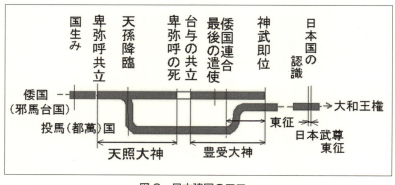

図6　日本建国のフロー

えたものです。記紀では、伊邪那岐命と伊邪那美命は淡路島・四国などに名をつけて、国生みを行っています。

　二人の子供である天照大御神（卑弥呼）が、統一倭国王に共立されて国づくりを開始します。天照大神と卑弥呼が同一人物であることは、この後の国生みの研究のなかで、古事記と魏志倭人伝がリンクする、驚くような発見で裏付けされました。

　その天照大御神の孫の邇邇芸命は、南九州に降り投馬国を建設します。天照大御神が亡くなると豊受大神（台与）が共立されます。

　266年頃、晋へ遣使を送り届けると、投馬国から神武兄弟がやって来て、東征を相談します。そして6年に及ぶ東征が行われ、奈良に大倭国を建国したのです。さらに12代景行天皇の時代になり、皇子・日本武尊が東国を隈なく巡る東征を行って、最後に「日本国」の国号を得ました。

伊都国

　国生みの時代に倭国の中心があったと思われる、伊都国について分かってきたことです。

　邇邇芸命が建国した投馬国（都萬国）は、伊都国と海路だけでなく、陸路でも絶えず往来していたことが分かりました。地図19は九州にある、宇都・宇土・鵜戸地名の分布図です。

　鵜戸は宮崎平野に、宇都は高千穂峰から降りた天孫降臨の道に沿って見つかります。宇土は線で結んだように九州中央部から北部に見つかります。狗奴国比定地の菊池付近を取り囲んでいるように見えます。

　薩摩半島から天草、島原半島・諫早を経て朝倉や、伊都国があっ

第1部　国生み

た糸島市につながっているように見えます。九州の北西部には今も、「おくんち」と呼ばれる神幸祭が盛んに行われています。

　この行事は、別名「お上り」「お下り」とも呼ばれて、天孫降臨を先導した猿田彦に扮した姿の人も登場して、行列が進みます。

　これは、投馬国と伊都国を往復する行列が、祭りとして残ったものと考えま

地図19　九州の宇土・宇都

す。糸島市にある細石神社は、伊都国の中心付近と思われる場所にあります。その祭神が南九州の笠沙で邇邇芸命と結婚した木花之佐久夜比売であることも、このように往来が盛んに行われていたならば、納得できることです。

伊都国地名の移動

　宇土の地名が伊都国の中心から、福岡平野に向かう日向峠への登り口に見つかります。ここの地名が、宇都、鵜戸、宇土と使い分けして移動したと考えます。

　先の豊玉彦命が拓いた航路の寄港地に名づけた白浜も、糸島市二条深江の海岸にあって、この名が移動したと思われます。

　このように、糸島市の地名が各地に移動したことを、調べた報告があります。

42

第1章　おのころ島

石井好は大陸の玄関地だった伊都国の遺物、文字、風俗などが、各地に伝播していったので、地名も伝播の痕跡が残っていると考え、調査・分析し朝倉市甘木付

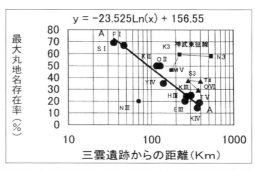

図7　九州・四国・中国の最大丸地名存在率の距離減衰

近が、高天原と特定し発表しています。著書は『伊都国日向の宮』（2002年）です。

伊都国比定地の糸島市に密度高く残る、金丸、大丸、小丸といった16ほどの丸地名は、人の移動とともに伝播していくが、遠くなるほど密度はまばらになります。

自然な伝播ではその勾配は-1乗となるが、神武東征や天照大御神が朝倉市に設けた高天原への遷宮では、人移動の力が作用して-1乗勾配とならない地点が生じます。図7です。この分布密度の異常から、日向からの神武東征もあったと結論しています。

さらに神世七代や日向三代を祀る天神社や天降神社の分布密度を調査して、次のような古代の興味ある謎解きを多く行っています。
①「天之御中主」のように「天の」とつく人物名が多く登場するが、天空のことではなく、天氏のことで海部、海女、海士など海に結びつく集団のことで、また住んだ地域である。
②天神社の分布から「天」の地を推定すると、糸島市・福岡

第1部　国生み

市西区西部である。

③福岡県の糟屋郡には山幸彦・豊玉彦命・玉依姫・住吉三神・綿積三神の密度が高い。綿積三神は安曇連の祖神である。

地図20　「天」の地域

④魏志倭人伝が記す、対馬の大官「卑狗」は、「豊玉卑狗」であろう。

⑤一大率は「伊都大率」ではないだろうか。

⑥須佐之男命の子・五十猛の名は、「五十＝伊都」と音が同じである。

⑦五瀬命も、「五瀬＝伊都瀬」と音が同じである。

天の浮橋

さて、これまで述べてきた天孫降臨、神武東征の調査結果に、石井好の伊都国の謎解き結果を加味し、「国生み」謎解きのスタートです。

ここに天つ神……「この漂へる国を修め理り固め成せ。」と詔りて……。故、二柱の神、天の浮橋に立たして、その沼矛を指し下ろして畫きたまへば、……島と成りき。これ淤能碁呂島なり。

第1章　おのころ島

　伊邪那岐命と伊邪那美命は、天つ神が住む「天」の地、糸島市・福岡市西区西部付近の天の浮橋に立って、相談し船出したことが、この表現になったと考えます。この天の浮橋は、海の中道のことと考えました。

　その先端にある志賀島の志賀海神社には、伊邪那岐命が黄泉(よみ)の国を逃れてきて、禊した際に生まれた綿津見三神が祀られています。国生みは、この海神の船で出発したことが想像できます。

　しかも三神とあるので、一団でなく、三団に分かれていたと考えます。さらに伊邪那岐命と伊邪那美命は、天の浮橋で相談したのみで、後に「おのころ島」付近で再会し、結婚したと読み取れることから、別々な船で出発したと思われます。

伊邪那岐・伊邪那美の名

　伊邪那岐と伊邪那美の二人の名前には、良く似ている不思議があります。二人は兄妹だという説や、互いに天御柱をまわって結婚を「いざなった」ことが、その名の由来だとする説を見ました。納得できる説ではありません。

　二人の名前が、魏志倭人伝のクニ名から一文字ずつを採った文字であることが、気になります。表2はその対応です。

表2　伊邪那美・岐の文字

伊	**伊**都国の伊
邪	**邪**馬台国の邪
那	奴（**那**）国の那
美	不弥（宇**美**）国の美
岐	壱**岐**国の岐

45

第1部　国生み

　このことは古事記の書き出しを、よく考えて見ようとした中で気づきました。

　伊邪は、そのまま伊都国と邪馬台国の頭の文字です。伊邪那の那に対応する魏志倭人伝のクニ、奴国は奴隷の奴を使っていますが、本来は比定地、春日市付近を流れる那賀川の那だったと考えます。同様、伊邪那美の美も比定地、宇美町の美であったと考えます。伊邪那岐の岐が壱岐の岐であることは明白です。

　簡単な対応表ですが、この由来が事実であれば古事記と魏志倭人伝がリンクしたことになります。これまで記紀の神話は、いろいろに解釈されてきましたが、一気に神話を歴史の世界へ引き戻します。

　伊邪那美岐の中に、魏志倭人伝に登場する、対馬や末盧国の文字がありません。これらの国も含めた名前ならば、また異なる名前だったでしょう。この5文字に限定する必要があったとすると、古事記の最初に登場する「別天つ神五柱」が気になります。

　そこで表3に、五柱の神々を古事記の記載順に追加して対応させました。

表3　別天つ神五柱と倭のクニとの対応

名前	クニ名	クニの代表
伊	**伊**都国	天之御中主神
邪	**邪**馬台国	高御産巣日神
那	奴（**那**）国	神産巣日神
美	不弥（宇**美**）国	宇摩志阿斯訶備比古遅神
岐	壱**岐**国	天之常立神

　女性の伊邪那美が先になったのは、「別天つ神五柱」とクニの

対応を検討した結果です。この伊邪那美岐の文字順は、対応するクニの格順と考えました。魏志倭人伝は次のことを記しています。

「其國本亦以男子爲王住七八十年　倭國亂　相攻伐歷年　乃共立一女子爲王　名曰卑彌呼」

　その国は、もとまた男子をもって王としていた。七～八十年、倭国は乱れ、あい攻伐して年を歷る。すなわち、ともに一女子をたてて王となす。名づけて卑弥呼という。
「別天つ神五柱」の神々は、この戦乱を終わらせるために話し合いをした、五つのクニの代表と考えました。

伊邪那美岐の検証
　そこでクニの格順と、対応する神々についての考えを、検証してみたいと思います。
　●**格順1**　伊―伊都国、代表・天之御中主。
　伊邪那岐命の子に「天照」がいることから、「神世七代」（図1）は、天族の系譜であることが分かります。
　また伊邪那岐命が、国生みの中で迦具土神（かぐつち）を切った剣の名が、「天之尾羽張」またの名を「伊都之尾羽張」としているので、伊都が天であることも分かります。
　クニの代表とした記載順1の天之御中主は、その名の通り天であるから納得できます。
　●**格順2**　邪―邪馬台国、代表・高御産巣日神。
　地図21は、安本美典の「奴国の滅亡」より借りています。魏志倭人伝が記す倭国乱当時の墓制、甕棺（かめかん）から出土した鉄製武器の

分布図です。この図から、倭国乱は博多湾沿岸、筑紫平野、直方平野領域の戦いだったと思われます。

これを収束するには、博多湾沿岸国に含めて、筑紫平野、直方平野の代表なくしては不可能です。

地図21　甕棺から出土した鉄武器の分布図

表3にある、5つのクニの内、邪馬台国を除く4クニは博多湾沿岸が比定地です。よって、残る邪馬台国が筑紫平野と直方平野を、代表していたと考えられます。

現に筑紫平野の北、朝倉市や嘉麻市・田川市に格順2とした高御産巣日神が各所に祀られています。（地図22）

また邪馬台国には、伊邪那岐命の子、天照大神（卑弥呼）が都を置いた

地図22　高御産巣日神を祀る神社の分布

と記していて、邪馬台国は伊都国を越えてはいませんでした。格順2は順当です。

●格順3　那―奴（那）国、代表・神産巣日神。

倭国乱では主に伊都国と、奴（那）国が戦ったと思われます。

第1章　おのころ島

奴（那）国の順位を4位や5位に落としては、戦乱を収束できません。残り三柱のうち、天之常立神は天であるから、敵対している奴（那）国代表ではありません。

宇美国の名には「うまし」の意味があるとして、宇摩志阿斯訶備比古遅神をあてました。よって消去法で神産巣日神が奴（那）国の代表となり、同神が古事記記載の3番目なので格順3も適合します。

●**格順4**　美—不弥（宇美）国、代表・宇摩志阿斯訶備比古遅神。

不弥（宇美）国は、魏志倭人伝の記載では戸数は千余戸で、格順5とした壱岐国の三千戸より小さいが、奴（那）国に近く、同国と共に伊都国・邪馬台国と戦ったクニと考えます。

また伊邪那美命は神産巣日神の娘と思われ、彼女に敬意を表し格順4にしたと思います。

●**格順5**　岐—壱岐国、代表・天之常立神。

天之常立神の名が示すように壱岐国は、伊都国と同じ天です。すでに天が格順1にあり、また伊邪那岐命に壱岐の岐の1文字が入り、格順5に不服はなかったと考えます。

表2、対応表の意味するところ

検証結果から、伊邪那美岐の文字順や、「別天つ神五柱」の古事記記載順は対応するクニの格順だったといえます。

これまで新井白石や本居宣長など、多くの研究者も気づかなかった事柄です。古事記（712年）を表した、太安万侶の時代には、すでに忘れられていたと思われます。

表3は、「別天つ神五柱」が倭国乱を収束するために、話し合った記録と考えましたが、その中身をもう少し検討してみます。

第1部　国生み

●名づけの動機

まず伊邪那美・岐の名づけの動機です。長く続いた戦乱を収束させるため、高御産巣日神と神産巣日神が関係国で話し合うことを提案したと考えます。

まず伊都国王家の男子と、奴（那）国王家の女子が結婚し、その子から統一した倭国王を共立する、血縁関係を深める案です。伊邪那岐命と伊邪那美命の子、天照大神が共立された女王で、魏志倭人伝がいう卑弥呼に該当すると考えます。これであれば、一女子が共立された理由として納得できます。

高御産巣日神と神産巣日神がともに産巣日とあるのは、日の神・天照大神を生んだ功績によると思います。そして、この話し合いが新しい国・倭国の歴史の始まりと考え、統一の象徴として伊邪那岐命・伊邪那美命に与えたのでしょう。

●メンバー

話し合いのメンバーについてです。

クニの代表は、それぞれの国王と思われますが、伊都国は神世七代の系譜から推して、於母陀流神が当時の国王です。しかし、戦いの当事者が話し合いに加われば、話がまとまらないと考え、伊都国は天之御中主神が代表を務めたと考えます。

メンバーにない、対馬国と末盧国は、壱岐国と伊都国の兄弟国に挟まれ、ほとんど支配下にあったクニと考えます。投馬国は後に邇邇藝命が、天孫降臨してつくった国で、このときにはなかったと考えます。

狗奴国は、比定地が熊本平野で、地勢的に仲間と認められなかったのでしょう。

●話し合いの場所

次に話し合いがあった、場所についてです。

それは志賀島の志賀海神社と考えます。伊邪那岐命と伊邪那美命は「天の浮橋」に立ったと記していて、近くの「海の中道」は天の浮橋と呼ぶのに、ふさわしい地形です。

●話し合いが行われた年代

話し合いが行われた年代についてです。

倭国乱の時代については、諸説があります。年代表（図8）を作成すると107年、帥升が後漢に行っています。

これより70年後の177年に霊帝の光和となります。梁書に「霊帝光和中、倭国乱」の記述があることから、光和の終わる、184年頃に話し合いが行われたと考えました。

その後、国生みの中で、天照大御神が生まれ成長し共立されたのは、200年の直前と考えます。

時代	中国	皇帝		年代	出来事		
弥生後期	前漢			BC100 AD	この頃、100余国のクニあり。(『漢書』地理志)		
	後漢			57	倭の奴国王、後漢に遣使。金印を賜る。(『後漢書』東夷伝)		
		安帝	永初1	107	倭国帥升ら、後漢に奴隷160人を献上。(同上)		
		桓帝	77年	146 167			
		霊帝		168		桓霊間 倭国大乱	住、七八十年 倭国乱
			光和	177-184 189	霊帝光和中、倭国乱(『梁書』) 184年頃、話合い		
	魏		景初3	239	卑弥呼が魏に朝貢。金印や銅鏡を賜る。(『魏志』倭人伝)		
			正始4	243	再び遣使		
			正始8	247	魏史来倭		
			正始9	248	この頃、卑弥呼没		
	晋		晋始2	266	台与、最後の遣使		

図8　倭国乱時代付近の年代表

第1部　国生み

●なぜ「国生み」を始めたのか

「国生み」を始めた理由です。当時、北部九州では灌漑稲作が普及した結果、人口が増え土地争となったのが倭国乱と考えます。

主戦場となった室見川・那珂川間の人達は乱を逃れ、安曇の人達の助けを借り、船で瀬戸内海を東進

地図23　伊都国付近

し、新しい土地の開拓を進めていたと考えます。その代表的なのが加茂族と考えます。室見川と那珂川の中間にも、賀茂が見つかります。また瀬戸内海東部に多くの加茂・賀茂地名が見つかります。

この状況を二人の産巣日神は、戦乱収束の機会ととらえ、倭国統一を建議したものと考えます。伊邪那岐命と伊邪那美命を、王として育てるために腐心したのが、国生みという名の、開拓に送り出すことだったのでしょう。

対応表から言えること

これまでの検討から、結論的に言えることがあります。
①伊邪那岐命と伊邪那美命の子、天照大御神は魏志倭人伝が記す卑弥呼と同時代に生きていて、同一人物だった。
②格順2位の邪馬台国が遠く、たとえば近畿から北部九州のクニグニを采配することは不可能で、所在地は北部九州に限定された。

③記紀の記述は、西暦200年の少し前に始まることが分かった。このことから、神武の即位を天皇在位年数から遡った、紀元前とする考えが否定された。
④また建国の過程論で、二世紀末すでに近畿に邪馬台国があったとする論も否定された。

「国生み時代」の背景

　北部九州の倭国内での争乱で、奴国が滅亡したとする説があることを知りました。安本美典は考古学的な検証で『邪馬台国に滅ぼされた金印国家　奴国の滅亡』(1990)を著しています。

　その中で、弥生時代から古墳時代の中間に、古墳時代にいたる脈々とした国生みの活動があり、「○○時代」の挿入を提言しています。そのポイントは次のようです。

①初めに奴国を盟主とする時代があって、「甕棺」の時代である。青銅器の武器を使う。中心地は福岡平野・北部九州沿岸地域。甕棺からは細形・中細形の銅剣・銅矛・銅戈が出土する。
②次は西新式土器を持つ、邪馬台国を盟主とする時代で、「箱式石棺」の時代である。青銅の武器は鉄製武器に変わる。中心地は筑後川流域。
③奴国は後漢王朝からバックアップを受けていたが、邪馬台国に滅ぼされた。この時、西暦57年、後漢からもらった「漢委奴国王」の金印を志賀島の海辺の畑に埋めた。

　これまで見えてきた内容と、すこし異なるが、倭国乱や国生みの背景として納得できるところがあります。
　すこし異なるところは、

1) 争乱は邪馬台国と奴国でなく、主として伊都国と奴国の争いだったように見えます。邪馬台国は後に卑弥呼が都を置いて中心地になったと考えます。
2) 奴国は魏志倭人伝にも登場しており、滅亡ではありませんでした。後に卑弥呼が共立されていることから、先の検証のように邪馬台国の高御産巣日神の仲介による、調停だったと考えます。

朝鮮半島に近い伊都国は、壱岐国を元のクニとしていて鉄武器を早く入手し、福岡平野の室見川を越え那珂川の西の領域まで進出する紛争が、長く続いたのでしょう。この紛争の中、船で瀬戸内海を東へ逃れる人々があったことは想像できます。航海に長けた安曇の人達が、これを助け航路ができていったと考えます。

日本書紀が記す、結婚前の男女が天の浮橋に立って、国生みを相談したという内容は唐突です。古事記が記す「天つ神緒の命」が簡単に出たように思えるのも、この話し合いが志賀島で行われ、その場に伊邪那岐命と伊邪那美命が呼び寄せられて、「この漂へる国を修め理り固め成せ。」と指示されたならば納得できます。歴史のスタートとして多くの一書に、記録されても不思議ではありません。

いろいろな話し合いは、「漢委奴国王」の金印についても、あったと考えます。

金印「漢委奴国王」を埋めた二人

1784年、江戸時代天明4年に、志賀島の海辺の畑の縁で金印が発見されました。この「漢委奴国王」の金印は、真贋論争が続いたが、今では本物として国宝に指定されています。

西暦57年、後漢の皇帝が奴国の使者に授けたとされるものです。その印文の解釈については論争が続いています。
　ここでは、この金印を埋めたのは伊邪那岐命と伊邪那美命の二人だった、という私見を述べたいと思います。
　安本美典は先の著書で、この金印隠匿の状況についても推測し、先人の発表も紹介しています。中に名文があったので紹介します。

「要するに、私は、志賀島叶崎に埋もれた漢の委の奴国王の金印をもって、後漢末に起こった兵乱に際し、故意に隠匿されたことを信ずるものである。
　……目を異様に光らせながら、金印を埋め、立ち上がって、よろめくように去って行く男の姿が見える。海の声と、松に渡る風の音とが、男をつつんでいる。
　夕日は、西の海に沈もうとしている。黒いシルエットとなって、男は去っていく。奴国の栄光は、その日の落日とともに終わったのである。
　男は、王であったかも知れない。男は静かに消えていった。日暮れの薄明のなかに。あとには、茫々千八百年まえの闇がひろがって行く。」

　伊邪那岐命と伊邪那美命の二人が金印を埋めたと考えたのは、志賀海神社と金印が見つかった場所が、わずか1.8kmしか離れていないことを知った時です。旅で志賀島を訪ね、この距離に必然性が見えました。
　奴国の中心は春日市の須玖岡本、あるいは那珂川町付近とされ

ていて、動乱のなか金印隠匿の場所として20kmも離れた志賀島が選ばれた理由が見つかりません。もっと近くても隠匿場所は見つかったでしょう。島に小舟で

地図24　金印発光碑

やって来たならば、いまの志賀島漁港や海水浴場付近の、砂浜につけることになります。そこから山中に入ります。

　当時と地形は変化しているが、隠匿場所まで1.4km、20分ほどの距離は遠くからやって来て、隠すに充分な距離とは言えず、しかも林道から下の海辺、というのも不自然に思えます。隠すならもっと時間をかけ、土石流で隠匿場所が分からなくなるところでなく、林道より上に登り、大きな岩陰などが自然です。

　神々の話し合いは志賀海神社で行われ、話がまとまり最後に、奴国王の神産巣日神は不要となった金印を、山中に埋めることを提案したと思います。

　この話し合いを不退転のものにする、証しとしたかったのでしょう。その隠匿を若い二人に、させることになったと想像します。

　志賀海神社を訪ねると、神

写真8　遙拝所

殿横の崖上に遥拝所がありました。そして何故か二つの亀石が置かれていました。古事記が「故、二柱の神、天の浮橋に立たして……」と記すのは、天の浮橋と表現した、海の中道が見える場所だったのです。二つの亀石は伊邪那岐命と伊邪那美命に見立て、後で置いたのでしょう。

写真9　金印公園と能古島

　二人は神々に見送られて山中に入ります。神々が見ている中では後をつける人もいません。しかし、会ったばかりの二人はぎこちなく、30分、2kmも進めば十分です。若い娘とともに、林道横の急斜面をよじ登るなどは考えられません。（地図24参照）

　林道の脇にやや緩やかな斜面を見つけ、降りることにしました。持ってきた道具で小さな穴を掘り、集めた石で周りを囲み、中に金印の入った箱を置きました。さらに二人して転がしてきた大石で覆い、土や落ち葉をかぶせたのです。

　二人だけの秘密の作業は、二人をより親密にしたに違いありません。作業を終わり二人は、何を語ったのでしょう。目の前の海には、能古島が見えています。

　奴国は滅亡でなく倭国連合だったことや、志賀海神社の遥拝所から発見場所までの距離や隠匿場所が海辺であることが、若い二人の行いとしては必然な場所に思えます。後漢とは決別だったのか、途絶えていたのか、神々には改めて探す意味も、必要もなかったのでしょう。

　日本の歴史の始まりに、こんなロマンチックな瞬間があったと

第1部　国生み

思えるだけでうれしくなります。

君が代をのべる祭り

　この志賀海神社のお祭りに、君が代を述べる祭りがあることを知りました。古代史研究で活躍した古田武彦の書、『「君が代」は九州王朝の賛歌』（1990）に、その祭りを見た状況が報告されていました。

　祭りの最後、第四部の山ほめ祭りは本殿の前に荒むしろが敷かれ行われます。その状況を記した概要です。

①「あ、らよい山しげった山」第一声がひびきわたる。
②一人が榊をとり、左から右へ一回転させる。時計と逆方向に、素早い動作だ。
③また一人は扇を開き、両手を百八十度、真横に開いて拍手する。
④また二人が進み出て、弓矢を射る動作。
⑤これらの動作を行うさいの楽器、それは拍子木ようの「笏拍子(しゃく)」だけ。
⑥つぎに「櫓」がもち出される。それを一人がもち上げ、いきなりのべられる。
⑦「君が代は千代に八千代にさざれいしのいわおとなりてこけのむすまで」
⑧また祢宜が無造作にのべる。
⑨「あれはやあれこそ我君のめしのふねかや」
⑩「志賀の浜長きを見れば幾世経ぬらん　香椎路に向いたるあの吹上げの浜千代に八千代まで」
⑪「今宵夜半につき給う御船こそ、たが御船なりけるよ　あれ

はやあれこそ安曇の君のめしたまう御船になりけるよ」
⑫この祭り、むかしは七日七夜つづいた。

　吹上げの浜とは海の中道のことです。古田はこれを次のように解釈しています。

　「我君(わがきみ)」という人物が舟に乗って、こちら（志賀島）へやって来るのだ。彼の「櫓」をこぐ動作は、その「我君」の来訪を暗示していたのであった。
　とすれば、この「君が代」にいう「君」とは、今、博多湾を、千代方面から、こちらへやって来る舟の上の「我君」であること、それは疑うことができない。「安曇の君」とは何者だろう。
　志賀海神社が安曇族の奉仕する神社であることは、よく知られている。では、彼らの中のリーダーなのか。——いな。
　なぜなら、その人は、外からこの志賀島にやって来る。博多湾の向こう、「千代」のあたりから、ここ志賀島へとやって来る人だからだ。
　逆にいうと、「外」からやって来る、対岸の「千代」からやって来るにもかかわらず、その人は、ここ志賀島の海人族の「君主」なのだ。支配者なのである。

　君が代の歌詞の出典は、古今和歌集とされています。
「我君は千世に八千世にさざれ石の巌となりて苔のむすまで」
　　　　　　　　　　　　　　　　　　　　　　読人しらず
　ここでは、君が代が「我君」になっています。さらに他の伝本では、「千代にましませ」「こけむすまで」の異なる詞が見られま

す。志賀海神社の祭りで同様の詞が、述べられるとあれば、こちらが古い可能性があります。

祭りの第一部は大祓の祝詞、第二部は八乙女の舞、第三部は今宮社の「闇のお祭り」です。これは志賀島での神々の会合が祭りの形式で残ったと考えます。本殿横の今宮の「闇のお祭り」が、神々の会合だったのでしょう。そして話がまとまり若き二人が呼び寄せられたと思います。

千代は福岡市内の県庁がある付近です。当時の伊都国と奴(那)国の境を那珂川とすると、千代は奴国にあたる那珂川の東にあります。千代からやって来た我君(安曇の君)は、奴国王の姫、伊邪那美命以外にはいません。

古田は我君を木花之佐久夜比売の姉、磐長比売にあてています。下の句にある、磐や苔にこだわりすぎたように考えます。この時、那国の千代や伊都国の中心に、細石神社があったとは思われず、この歌にあわせ後に、伊邪那美命の奴国に千代と、伊邪那岐命の伊都国に細石が、名づけられたと考えます。

金印のことも驚きでしたが、君が代のルーツが国の歴史の始まりにあって、今に続いてきたと思うと深い感慨が湧きます。

古代の人々が、普通の人達でありながら、勇気と知恵で日本の国をつくっていったことが分かります。

船の出港地

神々の期待を背負って、いよいよ船は出発します。移民と同じなので、多くの人々を乗せた船団だったと思います。丸木船に横板をあてたような、小さな船が想定され、たくさんの船になったでしょう。

第1章　おのころ島

　その船出したところが記録されているように見えます。博多湾沖の二つの島を使って、室見川河口を指し示しています。おのころ島の比定地の一つとなっていた、小呂島と能古島です。能古島は二人が金印を埋めた場所の先にあります。地図25です。

地図25　出発地

　出発地と到着地に同じ名前を、付けることは良く見られます。この二つの島を並べると「おろのこ島」または「のこおろ島」となります。到着地の「おのころ島」は、これを暗示的に名づけたと思います。

おのころ島への経路

　地図1のように、博多湾以外の「おのころ島」伝承地は東にあることから、船団は東に向かったと思われます。東に倭人が住む島々があることは、すでに神々には伝わっていたのでしょう。

　国生みの中に、隠岐や佐渡も含まれているので日本海、瀬

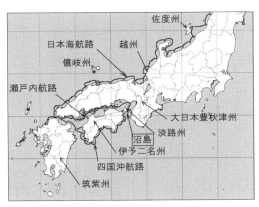
地図26　国生みの島（日本書記本文）

第1部　国生み

戸内海、四国沖の三方に分かれた海路を想像します。
　二名島と呼んだ四国や、大倭豊秋津島と呼ぶ本州を、生んだと記しています。これらを島と認識するには、一周するか二手に分かれて進み、どこかで合流しなければできません。
　日本海を進んだ船団は、佐渡島を生んでいますが、さらに津軽海峡を越え太平洋岸を南下し、どこかで合流したかも知れません。

　神々の会合が七日七夜つづいたとなれば、その内容は多岐にわたり、細におよんだでしょう。新しい国づくりのためには、まずその領域を知る必要があります。佐渡島まで進んで引き返すなど考えられません。津軽半島や下北半島から、陸地を南下させた集団があっても不思議ではありません。
　瀬戸内海を進んだ船と四国沖を進んだ船が、まず出逢える場所が淡路島付近です。伊邪那岐命が瀬戸内海を、伊邪那美命は四国沖を進んで二人は淡路島付近で出逢ったのでしょう。天の御柱を伊邪那岐命が左から、伊邪那美命は右から廻ったとしているのは、このことを示唆していると考えます。
　淡路島の東南にある沼島付近で二人が出逢ったとすると、下関から瀬戸内海航路では、明石海峡廻りで約540kmです。四国南岸航路では約680kmあります。遅れて南からやって来る伊邪那美命の船団を迎える場所として、沼島は最適の場所です。
　伊邪那美命の船団が鳴門海峡、あるいは友ケ島水道から明石海峡に向かっても、見逃すことはありません。この島の丘の上に立って、伊邪那岐命は待っていたのでしょう。
　対岸の淡路島にある諭鶴羽山（ゆづるは）から、沼島を見るとその形が勾玉に似ていると、沼島八幡神社の宮司に聞きました。地図27を見

第1章　おのころ島

てもそのように見えます。

　勾玉は胎児を模したものとする説があります。二人が八尋殿に見立てたと思われる、おのころ神社が胎児の眼を意識した位置のように見えます。この形の偶然が国を生むという表現になったのかも知れません。

地図27　沼島

　おのころ島に迎えの烽火を発見し、大変な航海をしてきた伊邪那美命はうれしかったでしょう。迎え出た伊邪那岐命との再会に、大きな岩、上立神岩の周りをまわって、喜びあっても不思議ではありません。積極的な伊邪那美命が、うれしさのあまり先に声を掛けてしまったのでしょう。

　古代を訪ねる旅では、古代のできごとが、よく伝承されていることに驚きます。さらに祭りとして遺されていることも多々です。この出迎えのシーンが近くの島で、祭りとして再現していると、宮司に聞きました。

写真10　上立神岩

第1部　国生み

第2章　国生み・神生み

　おのころ神社は小高い、丘の上にありました。そこに暫く留まったのでしょう。しかし水蛭子が生まれ、不遇であることを知るまでの、年月ではなかったと思います。神社の周りには八尋殿というような、大きな建物を建てるスペースはありませんでした。

淡島
　この「おのころ島」を基地として、しばらく周辺の島々を探索し、国生みという名の、開拓に適した場所を探したと考えます。
　その始めの場所が淡島だったのでしょう。この淡島が淡路島に比定する説もあるが、淡路島は後の国生みの最初に登場しているので、淡路島のことではありません。淡島の候補地として次が、挙がっています。
　①**淡島神社**。和歌山市加太にあります。淡島神が祀られていて、水蛭子と同様不遇の子だったとする説です。
　②**粟島**。徳島県の吉野川中流域に、日本最大の「中の島」があります。現在は善入寺島の名になっています。

　おのころ島から向かったのは、大きな平野が広がる、徳島平野と考えます。
　吉野川を遡り灌漑稲作の水が得やすい、「中の島」に上

地図28　淡島・淡路島

第2章　国生み・神生み

陸しました。そして開拓に取り掛かり、米や特産の植物、アワも植えたのでしょう。

ところが、この「中の島」は、雨が多く降ると川水が増え、浸水が激しいので、まるで水に浮く「泡」のように思えて、淡島と自虐的に呼んだのでしょう。

写真11　粟島に架かる沈下橋

そこに植えた植物が粟という名の植物名になり、地名にもなったと考えます。

713年、地名を二文字表記することとなり「粟国」が「阿波国」なっています。明治末に強制立ち退きがあって、今では人は住んでいないとのことです。

淡路州

洪水でせっかく開拓した土地も流され、初めての子も障害があると分かり、伊邪那岐命と伊邪那美命は落ち込んだことでしょう。一旦、神々のアドバイスを受けに、高天原へ戻ります。

神々は、見立てた天の御柱を廻った後の、「女人先に言へるは良からず。」と声の掛け方を、やり直すよう指示しました。神々にとっては、国生みを続けてくれることが大事で、やり直しのできるこの理由でよかったのでしょう。

アドバイスはこれだけではなかったでしょう。開拓は谷水を利用するよう、谷に近い場所から下流に向けて行うように云いました。さらに人の増援もあったことでしょう。

第1部　国生み

　ふたたび瀬戸内海を戻り、淡路島随一の山・諭鶴羽山の谷水を利用した開拓に、取り掛かりました。この平野にある「おのころ島神社」は、このとき高天原から戻り、やり直しで廻ったとき見立てた天御柱かも知れません。

写真12　諭鶴羽山

　伊邪那岐命・伊邪那美命が淡路島を生んだとき、最初にできたのが平野の北にある、先山と言われています。

　諭鶴羽川を遡って上流の田んぼを訪ねてみました。温暖な気候で玉ねぎと稲作の二毛作をしていました。

　神代浦壁・神代社家など地名に神代の名がつき、古い集落のようです。諭鶴羽山の頂には、開化天皇時代創祀の古社があり、伊邪那岐命・伊邪那美命が祀られていました。

　日本書記は、この淡路州の結果が不満足で、「吾恥島」だと記しています。

　この付近は日本有数の灌漑用の池が、密集している地区です。諭鶴羽山（608m）は低くて、谷も浅く、海岸まで10数kmしかありません。当時、水に難儀したことが想像できます。

　古事記は「淡道の穂の狭別島」と記しています。この淡道を淡島に通じる道、あるいは淡島からやって来た道と解釈できます。そして穂の狭別は、淡島に植えた粟の穂の先の別れ、とも解釈できます。地理認識を表現しているように見えて、「淡島は阿波に

第 2 章　国生み・神生み

あった粟島」との考えが補強されます。

弥生後期の鍛冶工房跡、五斗長垣内遺跡

　淡路島北西部の播磨灘を見渡せる小高い丘に、この遺跡はあります。1世紀中～2世紀末（弥生後期）の遺跡で、鉄材料を持ち込んでの鍛冶に特化した遺跡の発見は、大変話題になりました。
　伊邪那岐命と伊邪那美命の「志賀島」出発を184年頃、卑弥呼（天照大御神）共立を200年頃とすると、二人がやって来たときにはすでにあったことになります。二人が初めての東方進出でなく、神世七代と呼ばれる昔から、進出があったと思われます。
　国生み神話は伊邪那岐命と伊邪那美命の、東方進出の規模が大きく伝承が良く残っていて、主体的に綴られたのでしょう。

　最近、これより東北6kmほどに、同じような鉄工房の舟木遺跡発掘の発表がありました。両遺跡とも邪馬台国時代には終わっているとのことで、国生みにより瀬戸内海東部地域が安定し、鉄工房も各地に拡散していったと考えます。

高地性集落

　この時代の特徴的な遺跡に、高地性集落遺跡があります。集落の周りに濠を巡らした環濠集落でなく、山地の頂上、斜面など人が住むに適しない高地にある集落遺跡です。その特徴を挙げると次の通りです。
1) 弥生時代中期～後期の集落跡である。
2) その分布は弥生中期の初期には、中部瀬戸内海と大阪湾岸にある。弥生後期には近畿と周辺部にある。瀬戸内海の島々

第1部　国生み

を中心に約120遺跡が数えられている。
3) 平地や海を広く展望できる位置にある。
4) 一時的な住居でなく、整備された定住型の集落である。
5) 狩猟用には使えない、大きな石の鏃が多く見つかる。
6) 低地の集落と一体的に、同様の生活を営んでいる。
7) 軍事的に対峙した、緊張の施設が見あたらない。
8) この間、低地の集落も継続して営まれて、変質した形跡がない。

その成立を巡って、いろいろ議論があります。後の山城のような、軍事的な防御のための、集落とする意見が多いようで、時代的に見て、倭国乱や神武東征が想定されています。

前記の五斗長垣内遺跡の様子や、この国生みのための伊邪那岐命・伊邪那美命の遠征を踏まえて、高地性集落を考えてみたいと思います。

先に述べた豊玉彦命が拓いたと思われる航路は、国生み遠征の数十年後のことです。

その寄港地、鳥羽の菅島（すがしま）の対岸にある白浜を訪ねた時のことです。浜のやや小高い位置に一戸の住居遺跡があり、小さな銅鐸が見つかっていました。ここに住んだ人は、船がやって来たときに寝所や食事、航海の食糧などをサポー

写真13　鳥羽市の白浜遺跡

第2章　国生み・神生み

トするために、豊玉彦命から派遣された人と考えました。

　ここでの銅鐸は、浜の後背地で稲作などをしている家族に、船の来航を知らせるドラの役目だったのかも知れません。

　瀬戸内海周辺に見つかる高地性集落は倭国の人々の、東への航海を助けたり、倭国の情報を得るための集落だったように思います。そう考えると1)〜8)の特徴が納得できます。

　川を遡った内陸の高地にも、集落が発見されています。航海の助けだけでなく、「ここに村があるよー」と烽火などで知らせているように思います。倭国の情報や人が移住してくることは、大きな力になります。心待ちしていた人々を想像します。

　淡路島の五斗長垣内遺跡は、瀬戸内海東部の集落に農耕具や鏃を届けるために設営されたと考えます。

　魏志倭人伝は倭国と倭種を区別しているので、倭国乱は瀬戸内海や近畿地方を含めた大乱でなく、これまで通り、北部九州の国生み以前の争乱と考えます。

紫雲出山遺跡

　高地性集落の代表格、紫雲出山遺跡を訪ねてみました。香川県三豊市の瀬戸内海に突き出た荘内半島の先の、紫雲出山頂にありました。

　山頂部はなだらかで、瀬戸内海の島々が展望できる絶景の場所です。写真14のよう

写真14　紫雲出山遺跡

69

に遺跡が一部復元されていました。

　高地性集落を今もウイキペディアは、軍事的・防御的性格を帯びた集落遺跡との解説でしたが、この352mの山頂に攻めてくる光景は、とても想像できませんでした。

　瀬戸内海航路のこの重要拠点で、西からやって来る船を、ひたすら待っている村人であれば想像できます。そして船を見つけると烽火をあげ、北側にある詫間町箱集落に知らせ、迎えの船を出したのでしょう。その煙が紫の雲のように見え、この山名になったことは想像に難くありません。たびたび烽火を上げたから、この名がついたので、いつ攻めてきて烽火が上がるか分からない状況では、この名はつかなかったでしょう。

　驚いたことがあります。遺跡からやや南の山上に、小さな竜王社の看板があったことです。竜王とは竜宮城の主とされる、豊玉彦命のことです。林の中に入ると、猪と間違うようにうずくまり、土器のかけらを探す人がいました。

　この山頂部は、まだ発掘が続いていたのです。祭祀場と思われる岩場の蔭に祠がありました。豊玉彦命は、ここにもやって来ていたのでしょう。

大日本豊秋津州

　記紀の記述に戻ります。日本書記の一書第1のみ淡路州より先に大日本豊秋津州を生んでいますが、淡路州を先に生んだと記してきたので、次は大日本豊秋津州です。一書を含めて国生み順を表にしてみました。

　日本という国号は、日本武尊が東北東征の中で、富士山こそ

第2章　国生み・神生み

「日本中央(ひのもとまなか)」と考えて「ひのもと」に「日本」の文字をあてたもので、この国生みの時代には存在しませんでした。大倭という国号も神武東征の話し合いの中で生まれたと考えています。ここに大日本や大倭が登場するのは後付けだったことになります。これを抜いて考えてみます。

表4　国生み順

古事記	日本書紀					
	本文	一書第1	一書第6	一書第7	一書第8	一書第9
淡道之穂之狭別島	淡路州	大日本豊秋津州	淡路州・淡島	淡路州	淡路州	淡路州
伊予之二名島	大日本豊秋津州	淡路州	大日本豊秋津州	大日本豊秋津州	大日本豊秋津州	大日本豊秋津州
隠岐之三子島	伊予二名州	伊予二名州	伊予州	伊予二名州	伊予二名州	淡州
筑紫島	筑紫州	筑紫州	筑紫州	億岐州	筑紫州	伊予二名州
伊岐島	億岐州・佐渡州	億岐州三子州	億岐州・佐渡州	佐度州	吉備子州	億岐州三子州
津島	越州	佐渡州	越州	筑紫州	億岐州・佐渡州	佐度州
佐度島	大州	越州	大州	壹岐州	越州	筑紫州
大倭豊秋津島	吉備子州	吉備子州	子州	対馬州		吉備子州
吉備児島						大州
小豆島						
大島						
女島						
知訶島						
両児島						

第1部　国生み

　豊秋津州は本州を意味する解釈と、日本書紀に神武が東征後、国見した時に地形を形容して、名づけたとも記しているので、奈良を中心とした近畿を意味する解釈があります。
　本州と解釈すると、この時日本海を進んだ遠征隊が津軽海峡を越えて戻ってきて、本州を島と認識したことになります。

　また国生みでは、実在しない北陸の「越」州も登場します。これは日本海を進んだ船隊が、誤って島と認識した箇所があることが分かります。地形で考えると福井平野の西にある山地が推定されます。
　若狭湾のリアス式海岸の奥までを、すべてこれが湾か海峡なのかを確認する作業は大変で、座礁の危険もあり探索しなかったのでしょう。そして、越前海岸に沿って北に進み、九頭竜川河口付近にきたとき、海が平野の中にまで及んでいるのを見て、これは若狭湾とつながっていると考えたのかも知れません。

近畿の弥生遺跡と龍（竜）王山

　豊秋津州が近畿なのか、本州なのか結論を出せませんが、近畿の弥生遺跡をみると龍（竜）王山と何か関係があるように見えます。
　地図29に近畿の主な弥生遺跡に沿うように見つかる龍（竜）王山を表示しました。表示した遺跡は次です。

地図29　近畿の弥生遺跡

第 2 章　国生み・神生み

①唐子・鍵遺跡

奈良盆地の中央部にある遺跡です。弥生中期に集落が統合されて、環濠が多重に掘られています。

全国からヒスイや土器が集まり、銅鐸の主要な製造地とみられています。その後、古

写真15　唐古鍵遺跡

墳時代になると、近くの纏向遺跡が興り衰退しました。写真15のように、この遺跡の東、7kmに龍王山が見つかります。

②池上・曽根遺跡

泉南の泉大津市にあります。弥生時代前期に始まる、大型の環濠集落です。中期以降になると、環濠の四周に集落は拡散していきます。大型の掘立柱建物や丸太井戸が発見され話題となりました。

③東奈良遺跡

茨木市の南部にあります。大型の環濠集落で銅鐸の鋳型が35点も発見されています。ここの鋳型で生産された銅鐸が、近畿一円、そして四国でも発見されました。

この遺跡の近くを流れる、安威川の源流域に竜王山があります。

④伊勢遺跡・稲部遺跡

近江盆地に広がる、弥生遺跡群の中の一つで、伊勢遺跡は1～2世紀末の大型宗教都市遺跡と、紹介されています。東8kmの三上山麓では、24基の銅鐸が見つかっていて、一つは高さ134.7cmもあり国内最大です。稲部遺跡は2～4世紀の大規模集落遺跡で、30棟以上の鉄器工房や大型建物跡が見つかっていま

す。

近江盆地には、二つの竜王山が見つかります。それぞれ湖南を流れる川の源流域にあります。

⑤猪名川・武庫川流域

千里丘陵と六甲山地の間の、西摂と呼ばれる平野には

写真16　猪名川源流域の竜王山

弥生の遺跡が、多く見つかっています。猪名川と武庫川が流れていて、この二つの川の源流域に、それぞれ竜王山が見つかります。

全国の龍王山・竜王山

全国の龍王山と竜王山を調べてみました。岡山県や広島県に多く見つかり、不思議に思っていた山です。龍王山（28山）・竜王山（33山）が見つかりました。（表5）

龍王・竜王は、先に「古代の航路の記録（19P）」で紹介した豊玉彦命のことです。これまでも鷹取山・高取山や丘と岡など、同音異字の山名で古代を記録していました。この龍王山と竜王山にも古代人の意志が隠されているかも知れません。

第2章　国生み・神生み

表5　全国の龍王山・竜王山

No	名前	所在地付近の地名	標高 m	緯度	経度
1	龍王山	大分県宇佐市安心院町	315	N33/25/11	E131/21/09
2	龍王山	大分県佐伯市蒲江	199	N32/46/17	E131/54/54
3	龍王山	大分県佐伯市堅田	317	N33/55/23	E131/53/38
4	龍王山	福岡県飯塚市八木山	616	N33/36/56	E130/36/46
5	龍王山	香川県東かがわ市坂元	475	N34/11/18	E134/25/46
6	龍王山	徳島県三好市池田町	794	N34/01/58	E133/45/10
7	東龍王山	徳島県徳島市入田町	408	N34/01/13	E134/26/34
8	西龍王山	徳島県徳島市入田町	495	N34/01/29	E134/25/44
9	龍王山	広島県神石高原町牧	768	N34/45/09	E133/09/57
10	龍王山	広島県東広島市西条町	356	N34/22/03	E132/43/20
11	龍王山	東広島市八木松町篠	574	N34/27/26	E132/44/31
12	龍王山	広島県尾道市因島重井町	243	N34/19/60	E133/08/42
13	龍王山	広島県三原市中之町北	665	N34/27/21	E133/05/00
14	龍王山	岡山県美咲町越尾	370	N34/59/46	E133/59/12
15	龍王山	岡山県真庭市阿口	601	N35/00/27	E133/37/33
16	龍王山	岡山県赤磐市中島	242	N34/45/28	E134/02/52
17	龍王山	岡山県赤磐市馬屋	312	N34/44/32	E133/59/14
18	龍王山	岡山県備前市伊部	263	N34/43/43	E134/09/23
19	龍王山	岡山県総社市宿	150	N34/39/20	E133/47/18
20	龍王山	岡山県井原市美星町明治	504	N34/41/33	E133/32/09
21	大倉龍王山	岡山県井原市美星町	513	N34/40/48	E133/34/15
22	龍王山	岡山県笠岡市山口	267	N34/33/55	E133/32/23
23	龍王山	岡山県瀬戸内市邑久町	222	N34/41/05	E134/10/26
24	龍王山	岡山県倉敷市	209	N34/27/54	E133/47/21
25	龍王山	岡山県倉敷市木見	194	N34/31/24	E133/50/54
26	龍王山	岡山県岡山市北区足守	265	N34/43/53	E133/48/57
27	龍王山	岡山県岡山市北区	287	N34/43/03	E133/50/03

第1部　国生み

28	龍王山	奈良県天理市渋谷町	586	N34/33/41	E135/52/28
29	竜王山	愛媛県大洲市肱川町	458	N33/25/33	E132/42/31
30	竜王山	香川県まんのう町勝浦	1056	N34/06/56	E134/02/54
31	竜王山	香川県まんのう町宮田	420	N34/10/30	E133/48/53
32	竜王山	香川県三豊市詫間町	178	N34/13/34	E133/41/52
33	竜王山	香川県高松市庵治町	239	N34/22/54	E134/09/09
34	竜王山	徳島県那賀町仁宇	732	N33/51/50	E134/27/46
35	竜王山	山口県山陽小野田市	136	N33/57/23	E131/10/05
36	竜王山	山口県下関市内日上	614	N34/04/06	E130/56/09
37	竜王山	広島県神石高原町高光	692	N34/47/49	E133/11/14
38	竜王山	広島県東広島市河内町	549	N34/31/42	E132/49/27
39	竜王山	広島県庄原市西城町	1256	N35/02/33	E133/04/30
40	竜王山	広島県福山市柳津町	221	N34/26/49	E133/16/54
41	竜王山	広島県尾道市門田町	145	N34/24/45	E133/10/54
42	竜王山	広島県尾道市向東町	63	N34/23/46	E133/14/10
43	竜王山	広島県尾道市木ノ庄町	366	N34/29/14	E133/08/35
44	竜王山	広島県三原市沖浦	445	N34/22/06	E133/04/21
45	竜王山	広島県呉市川尻町	60	N34/14/32	E132/43/30
46	竜王山	岡山県久米南町全間	344	N34/53/59	E133/59/14
47	竜王山	岡山県久米南町下籾	367	N34/55/01	E133/54/28
48	竜王山	岡山県和気町泉	423	N34/48/42	E134/09/21
49	竜王山	岡山県浅口市寄島町	289	N34/30/04	E133/35/11
50	竜王山	岡山県倉敷市玉島黒崎	231	N34/30/27	E133/36/59
51	竜王山	岡山県井原市門田町	160	N34/33/20	E133/29/21
52	竜王山	岡山県笠岡市相生	175	N34/30/47	E133/30/04
53	竜王山	岡山県笠岡市神島外浦	267	N34/27/42	E133/31/04
54	竜王山	岡山県岡山市東区	181	N34/44/20	E134/03/18
55	竜王山	奈良県五條市西吉野町	619	N34/18/12	E135/44/57
56	竜王山	兵庫県宝塚市大原野	366	N34/54/20	E135/19/06
57	竜王山	大阪府能勢町下田尻	462	N34/57/36	E135/25/15

58	竜王山	大阪府茨木市忍頂寺	510	N34/53/56	E135/32/57
59	竜王山	滋賀県日野町原	826	N35/01/27	E136/19/21
60	竜王山	滋賀県栗東市荒張	605	N34/57/47	E136/01/22
61	竜王山	長野県山ノ内町夜間瀬	1900	N36/45/60	E138/29/12

　二つの「りゅう王山」を地図から拾ってみたのが、地図30です。瀬戸内海の中央部に集中的に見つかります。

　長野県に一つ離れてある竜王山は、志賀島と同じ名の志賀高原にあります。志賀島は海神・綿津見神の本拠地なので、無関係とは思えません。

　また豊玉彦命は自ら龍王を名乗ることはないと思われ、これは高天原が龍（竜）王を用いた、国生みの記録を命じた結果と考えます。

　伊邪那岐命は、すでにやって来た人達の集落を、次々訪ね開拓の指揮をとったのでしょう。そして、後にそこを豊玉彦命が訪ねて龍（竜）王山を残したと考えます。

　ウイキペディアは竜王山の由来について、「その名は八大竜王、すなわち水・雨をもたらす竜王を山頂に祀り、いわゆる雨乞いを行う山の意が込められている」と記述しています。

　分布を見ると、源流域にある山も多いのですが、海

地図30　全国の龍（竜）王山

第1部　国生み

岸近くで雨乞いと無関係な竜王山もあり、この一律な考えは誤りと思われます。

茨木市の安威川源流域にある竜王山山頂に、「八大龍王宮の由来」掲示がありました。

写真17　茨木市の竜王山

「宝亀年代（西歴770〜780）畿内は大旱魃に見舞われ、人々は塗炭の苦しみに喘ぎ飢死するものが続出した。

当時若くして出家、北摂の山々にこもり荒修行をされていた光仁天皇の御子開成皇子（724〜781）はこのことを見聞され、竜王が棲むというこの山に登って、池を掘り護摩を焚き般若心経を唱え、名の異なる八柱の竜神を招請し、慈雨を降らしめ給い、五穀はよみがえり多数の庶民を救われた。

以来旱魃のときには幾度となく、この池のほとりに壇を設けて、雨乞いのための祈祷が行われるようになった。」

このとき竜王が棲むとされた、竜王山があったので八大龍王を祀り、雨乞いしていたことが分かります。竜王山が先に名づけられていたのです。

銅鐸

以前は、近畿の弥生遺跡からのみ、銅鐸が良く見つかっていたので、西日本を二分三分して、近畿の「銅鐸文化圏」と西の「銅矛文化圏」、さらには中国地方の「銅剣文化圏」の対立勢力があった、

第2章　国生み・神生み

とする考えがありました。しかしその後、吉野ヶ里遺跡でも銅鐸が見つかるなどして、はっきりした区分けはできなくなっています。

　これらの銅器は九州から、東方に進出した人達が持ち込んで、地方独自に発展したものと考えます。

　神武とともに東征を決断した、豊受大神（台与）は、東征隊の後を追い、奈良に入ります。この時、奈良に留まった行宮が、纒向遺跡で見つかった建物と考えています。東西に並ぶと説明された建物の直列は、6度ほど偏向していて、近くの天照御魂神社に向いていました。豊受大神が天照大御神の御魂をお連れしてきて、ここで新しい高天原をお見せしたと考えています。この纒向遺跡からは、銅鐸片が出土しています。

　天照御魂神社は田原本の鏡作神社内にもあり、ここで豊受大神は銅鐸などを原料として、沢山の鏡を鋳造させたと思います。東征の道中でも、銅剣や銅矛を供出させて、鏡を製作していたのでしょう。村で愛用した銅鐸を供出するのは惜しく、土中に埋め残したものが、今発見されていると考えます。それなら、墳墓で見つからず銅鐸のみ、山中で見つかることが納得できます。

　纒向遺跡から見つかった桃の種の推定年代が、放射性炭素（C14）測定でAD135〜230年の間に実ったものという、分析結果が最近発表されました。推定年間が95年と大きいが、その後半と卑弥呼が生きた年代が一部重なるため、邪馬台国近畿説が有利になったとする報道が多くありました。

　しかし推定年間の中央値は、AD182.5年で倭国乱があったとされる後漢の霊帝光和（AD177〜184）に該当し卑弥呼はまだ共立

されていません。さらに前半となれば卑弥呼と全く違う時代です。
　今回の研究から、中央値付近の年代は伊邪那岐・伊邪那美命が国生みという名の、開拓活動を近畿一円で行っている時代とも重なります。この桃の種の推定年代をもって纒向遺跡を邪馬台国と位置づけるのは乱暴と考えます。

伊予二名州

　淡路島開拓の不出来や、近畿一帯の状況がつかめてきて、伊邪那岐命と伊邪那美命は、神々に近況報告のため、高天原に戻ったのでしょう。次の開拓地が経路の途中となる、愛媛県になっています。そして伊予二名州(いよのふたなしま)と名付けています。
　「この島は身一つにして面四つあり。面毎に名あり。故、伊豫国は愛比売といひ、讃岐国は飯依比古(いひより)といひ、粟国は大宣都比売(おほげつ)といひ、土佐国は建依別(たてよりわけ)といふ。」と古事記は記しているので、四国の名であることに違いありません。しかし伊予はいまの愛媛県です。
　この二名についていろいろな説があるようです。
　①古く四国は東西に「伊国」「予国」と二つがあった説。
　②面四つの人の名は、男女二つのペアに分かれているため、二名とした説。
　③二名とは、愛媛と伊予のこととする説。

　大宣都比売は後の神生みで、伊邪那美命が亡くなる直前に生んだ名なので、面毎の名づけは後付けに思えます。いずれも納得するには不十分です。
　国生みの中での二つの名と言えば、伊邪那岐命と伊邪那美命し

かいません。伊邪那岐・美の名は、二人の功績を名に残したもので、この時はこの名ではなかったと思われます。

愛媛県伊予市と松山市の間にある、松前町の式内社・伊予神社を訪ねたときに、当地方の開拓神として愛媛の総神・愛比売命と開拓神・伊予津彦命と同妃・伊予津姫命が、祀られていると掲示していました。伊予津彦命と伊予津姫命の名は、二人が結婚した後の、伊予開拓時代の名前なのでしょう。

伊予の伊は伊都国の伊と考えます。予について調べると次のような意味がありました。

　　字源　「予」は、輪を重ねた様の象形文字または会意文字で、ある領域をずらすことを意味。「野（土地を広げる）」。

　　予の意味　与と同じ意、与える。余と同じ意、我。

伊予津彦・姫の名には、伊都国の将来をあずけた男と、その姫の意味があるように思います。あるいは伊都国の土地を広げる、の意味かも知れません。そう考えると「愛媛」の名は、伊邪那美命の元名、あるいは愛称だったように思います。

高地性集落の時代変化

伊邪那岐命と伊邪那美命がやって来る前から、倭国の人達の東進はあったことは前に述べました。従って高地性集落も時代変化しています。

松山平野にも高地性

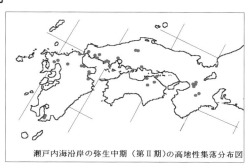

瀬戸内海沿岸の弥生中期（第Ⅱ期）の高地性集落分布図

地図31　弥生中期（第Ⅱ期）

第1部　国生み

集落が多く見つかり、愛媛県生涯学習センター「えひめの記憶」では、次のように述べています。

地図32　弥生中期（第Ⅲ期）

「西日本の瀬戸内海沿岸を中心とする地域に、集中する高地性集落は、倭国の大乱に係る軍事的性格の強い遺跡であるとする意見が一般的であることはすでに述べた。

その最大の理由が、この時期の高地性集落の発生と倭国大乱の時期が一致するからである。……愛媛県内の中期から後期にかけての高地性遺跡からは、畿内や備讃瀬戸にかけて多くみられる石鏃がそれほど出土していない。

地図33　弥生中期（第Ⅳ期）

この明らかな事実から、畿内や備讃瀬戸の様相を短絡的に当地方にあてはめることは危険であるといえる。それはあくまでも畿内や備讃瀬戸の高地性集落の特色として把握すべきであり、一元的な処理はすべきでなかろう。」

以下は私の意見で、地図32の第Ⅲ期に見えなかった愛媛の高地性集落が、地図33のように弥生中期（第Ⅳ期）では、一気に増加していて、伊予津彦命と伊予津姫命の活躍がこの時かと想像します。

松山平野の弥生

「松山平野における弥生社会の展開（柴田昇児）」は次のように記していました。
「弥生集落は、まず前期前葉に海岸部に出現し、前期末から中期前葉にかけて遺跡数が増加、一部に環濠を伴う集落が現われる。そして、中期後葉になるとすべての遺跡群で集落の展開がみられる。……出自の異なる集団が、共存したことで成立した密集型大規模拠点集落である。そして集落内に居住した首長層は、北九州を主とした西方社会との交渉を実現させ、……平形銅剣を中心とした共同体祭祀を共有することで、東方の瀬戸内社会との交流・交渉を実現させたと考えられる。」

　私なりに上の記述を解釈すると、もともと北部九州からやって来た人々なので、その倭国の王子・伊邪那岐命と王女・伊邪那美命がやって来て、その時の首長層も新たな人の派遣や、発展が望めて特に反対はなかったと思います。しかも鉄武器を持つ武力の違いに、戦える状況ではなかったと思います。

　伊予の弥生時代の開拓の様子を知りたくて、松山の考古館を訪ねました。説明をお願いすると女性の学芸員が、親切にいろいろ教えてくれました。

第1部　国生み

　旅の目的が海神の足跡だったので、説明の中に竜が登場して驚きました。竜の文様の入った土器片が100を超える数で見つかっていることと、古代の準構造船だという片側約10本の櫂が描かれた土器が見つかっていたことです。

写真18　竜の文様

　写真18に、私が黒線で強調した猫の耳みたいな文様は、竜の文様とのことです。

　また松山城の北にある文京遺跡では、吉野ヶ里遺跡と同規模の大きな建物跡が、見つかっていたことです。別な機会の考古学者の講演で、今では発掘が進み、どこで吉野ヶ里遺跡並の大きな遺跡が見つかっても不思議ではない、と述べていたことを思い出します。

四国の龍（竜）王山と弥生遺跡

　四国の竜（龍）王山と著名な弥生遺跡を地図に拾うと地図34のようになりました。

　10山の竜（龍）王山が見つかります。また各県に著名な弥生遺跡があります。

　①と②は香川県の善通寺市の旧練兵場遺跡近くです。吉野ヶ里遺跡に匹敵する大

地図34　四国の龍（竜）王山と弥生遺跡

84

きな遺跡で、縄文〜中世の長い時代の遺物・遺溝が見つかっています。

北部九州や瀬戸内海各地との交易が見てとれて、近隣集落の中心都市の様相を示しています。①と②の竜王山はこの遺跡を指し挟んでいるように見えます。詫間町の先の半島にある、紫雲出山の高地性集落を訪ねた状況を、先に述べました。紫雲出山で、ここにやって来る船を待ち受け迎えていたのでしょう。

またここから龍王山⑥を越えて徳島側に通じていたと思われます。徳島の国府町の南には西龍王山③・東龍王山④が近接して見つかります。鮎喰川(あくい)が麓を流れていて、「天の原」の地名も残ることから、この流域の開拓を記録したと思われます。

竜王山⑦は高松から徳島の美馬に向かう峠にあるので、ここを越えた記録と考えていましたが、別な記録と分かったのは後のことです。龍王山⑧は吉野川支流の源流域にあり、その流域の板野町付近の開拓の足跡でしょう。

竜王山を源流域の山と想定していましたが、竜王山⑤は肱川(ひじかわ)を遡った中流にあります。さらに遡っていくと、天空の沃野が広がってきました。

現在の西予市（旧宇和町）で、ここは海からやって来るものと考えていましたが、山中の道を経ていたのです。

この宇和盆地は湖に火山灰

写真19　宇和盆地の風景

第1部　国生み

などが堆積してできた珍しい地形で、古代の青銅器なども出土すると道の駅に掲示していました。

　宇和は宇倭で倭国の一部と宣言しているのでしょう。四国西部と考えていた侏儒国は、この地という思いを強くしました。

　⑨の竜王山は瀬戸内海を見晴らす絶好の位置にあり、通信を主とした高地性集落と同じ機能を果たしていたように思います。最後の徳島県南部の那賀町にある竜王山⑩の謎が解けたのは、後のことでした。

「かも族」の大移動

　国生みより以前、瀬戸内海周辺にやって来た人々は、倭国乱を逃れてきた人々と、先に「国生み」を始めた理由のところで述べました。その人々の痕跡の一つが、各地に多く残る「加茂・賀茂・鴨」などでした。竜王山や高地性集落遺跡を訪ねると、頻繁にこの「かも」地名に遭遇します。

　愛媛県西条市に、典型的な高地性集落の八堂山遺跡があるというので訪ねました。石鎚山地の瀬戸内海側の麓に小さい山がいくつか並ぶ端の山です。196mの山頂には集落が復元されていました。

　西条市は中山川と加茂川

地図35　全国の「かも」地名

第2章　国生み・神生み

が平野を形成しています。その加茂川流域に「加茂」の人々がやって来て、開拓に取り掛かったことが想像できます。加茂神社がありました。

　全国の加茂・賀茂地名を地図35に拾ってみました。鴨地名も多いが、鳥由来と判別できないので、省いています。瀬戸内海の中央より東と近畿周辺に多く見つかります。山陰の出雲地方にも見つかります。

　主に海岸からわずか入った、川の中流域で、灌漑稲作に最も適した地域を選択しているように見えます。東国にも分布していて、出発地の1ヶ所でこれだけの人々を送りだすのは困難と思います。時代を越えて、移動を繰り返したのでしょう。

　予想していた伊都国と奴国の戦乱の地、福岡平野の室見川と那珂川の中間に、「賀茂」の地名が見つかっていました。ただし、この人達だけが、戦乱から逃れたのではないと思います。加茂から渡り鳥の鴨をイメージし、良字の賀茂で自分達の出自を残したことが、痕跡となったのでしょう。

　この室見川の賀茂のそのまた出自が、伊都国にあたる、現在の二丈福井にある加茂川流域の人達ではないかと考えました。訪ねると加茂川に沿って川上に、棚田が続いていています。最上流部で逢った、80歳を超えているとは思えない、おばあさんにお聞きすると、前はもっと急な棚田が周

写真20　伊都国の加茂

第1部　国生み

辺にあったと話します。

　耕作が大変なこの地から、広い室見川と奴（那）国の中間の平地に移り住んだことが最初だったのでしょう。しかし、戦乱に巻き込まれ大移動となったのかも知れません。

　南九州にはあさぎり町に、加茂地名が見えるのみで、天孫降臨した高千穂峰周辺地域には全く見あたりません。

　天孫降臨した集団が、自力で開拓に臨んだのでしょう。

阿波へ

　伊予に伊予津彦・伊予津姫の名を残していることから、伊予には数年を過ごしたと考えます。四国の四面の名が伊予の愛媛、讃岐の飯依比古（いひより）、阿波の大宜都比売（おほげつ）の順となっているので、讃岐を経て徳島に入ったと考えました。

　地図36は阿波の弥生遺跡をプロットしています。吉野川沿い

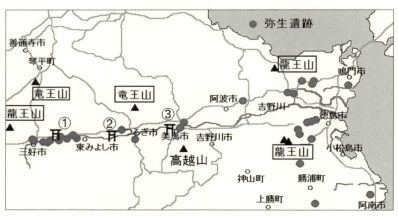

地図36　阿波の弥生遺跡と伊邪那美命を祀る神社

に多くが見つかります。下流は現在の吉野川の北を流れていた、旧吉野川沿いに見つかります。徳島市付近は、鮎喰川に沿った遺跡です。吉野川上流の三好市から①〜③の鳥居印は、伊邪那美命が祀られている式内社の論社です。

伊邪那美命を祀る神社の所在地です。
① 天椅立神社（あめのはしだて）　徳島県東みよし町昼間
② 伊射奈美神社　徳島県美馬市美馬町中鳥
③ 伊射奈美神社　徳島県美馬市穴吹町三島

　伊邪那美命を祀る神社、天椅立神社は伊邪那岐命と伊邪那美命の二人が祀られていますが、②③の伊射奈美神社は伊邪那美命が単独で祀られています。①〜③の神社は吉野川上流の弥生遺跡の近い位置にあって、国生みの拠点のように見えます。
　吉野川流域は始めに、淡島（粟島）の開拓に失敗しているので、二度目の挑戦です。今度は失敗のないよう、吉野川の上流域から取り掛かったと思います。

神生み

　古事記は、国生みを終えたので、次に神を生んだと記しています。これは話の筋を分かりやすくするため、国生みと神生みに分けたものと考えます。
　伊邪那美命は亡くなるまでに、17人の神々を生んでいます。嘔吐物からさえ神が生まれますが、生身の女性であれば不可能なことです。事実は国生みという開拓の中で活躍した人に、名前と神という尊称を与えた記録と思います。二人が成長していく、過程でもあったのでしょう。

第1部　国生み

どのような神が生まれ、その末裔達はどのように生き、歴史を刻んだのでしょう。多くのドラマがあったに違いありません。

建築の神々

写真21は弥生遺跡の池上曽根遺跡にある復元建物です。この時代の大型建物跡が各地に、見つかりだしています。このような大型建物は一人ではできません。工人が力を合わせてできることです。

写真21　池上曽根遺跡

建築神の誕生は、建築分野の技術の追求と継承を図ったものと思います。

大事忍男神(おおごとおしおのかみ)は、国生み後の神生みで最初に登場するので、国生みの「大事を終えた神」との解釈があります。

しかし古事記は高天原に還る時にも吉備児島や小豆島を生んだと記していて、国生みは続いています。

大きい建物を建てるには、匠達を束ねる棟梁は欠かせません。設計や人手、スケジュールなどの大事を進めることに優れていたのでしょう。石土毘古神(いわつち)は愛媛の石鎚神社に祭られています。石槌山もあることから、愛媛で生まれていると思います。

出雲大社の近くの、奉納山(ほうのうさん)を訪ねると手斧神社があり、建築神の手置帆負命(たおきほおいの)と彦狭知命が、祀られていました。国生みより数十年後、出雲の国譲りがなって、大国主命のため大宮を造営した時

第 2 章　国生み・神生み

に、高天原から派遣された二人と掲示されていました。

手置帆負命と彦狭知命の二人は、天孫降臨の際の職業集団・五伴緒の一人、忌部氏の祖である太玉命に、率いられていたとのことです。また阿波は忌部氏の色濃いところなので、系譜は残らないが先の建築神との繋がりがあると考えます。

手置帆負命の「手置」とは「手を置いて物を計量する」意味に解釈されています。また阿波からやって来て、西讃岐の開拓を引き継ぎ、讃岐忌部の祖となったとも言われています。

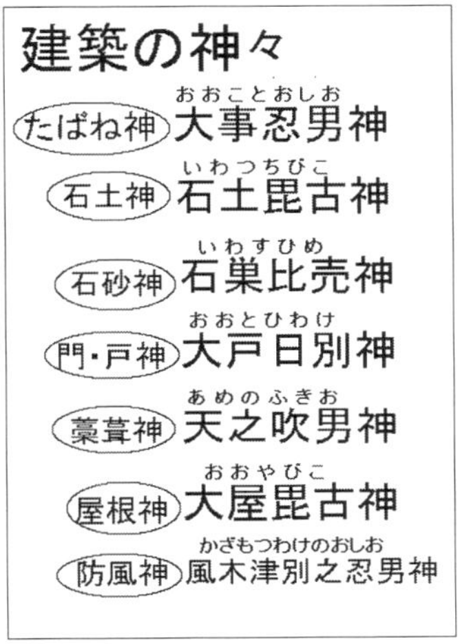

```
建築の神々
（たばね神）大事忍男神　おおことおしお
（石土神）石土毘古神　いわつちびこ
（石砂神）石巣比売神　いわすひめ
（門・戸神）大戸日別神　おおとひわけ
（屋葺神）天之吹男神　あめのふきお
（屋根神）大屋毘古神　おおやびこ
（防風神）風木津別之忍男神　かざもつわけのおしお
```

図9　建築の神々

現存する世界最古の建物、法隆寺の五重塔は607年の建築とされています。神生みのこの時を190年頃と考えると、建築神が生まれて約400年後に、あの素晴らしい塔を建てたことになります。進歩するに充分な時間がありそうですが、釘や金物を使わない木組みの工法や耐震設計の技術は、多くの失敗による改良が積み重ねられてできることです。この神生みで、技術蓄積のシステムができていたことに驚きます。

自然にまつわる神々

次に生んだのは自然にまつわる神々です。神と呼んでいるので海や山、風を司る神との解釈が多数ですが、人が自然を管理・支

第1部　国生み

配することはできません。

　海の神は、航海する能力に優れ、山の神は地形を読みとることに優れていたのだと思います。風の神は今日の風向き、明日の風の強弱など風の知識が豊富で皆から頼りにされていたのでしょう。

　神々は神の称号をもらうことで、さらに自然を観察し、その道の第一人者になったと考えます。

図10　自然にまつわる神々

　河口の夫婦神・速秋津日古神と速秋津比売神について、古事記は水戸神と記しているので、河口にある湊の干満や水の知識などが豊富だったのでしょう。二人はさらに後継者を育てています。

　図11の四組の夫婦神で皆、水に関係した名前になっています。ひっそりと登場した沫那芸・沫那美神夫婦は、日本書紀一書（第二）では伊邪那岐命の父母と記しています。図1の神世七代の系譜から、伊邪那岐命は先代の王、於母陀流神の男子に見えたが、王家筋の男子が抜擢されたのかも知れません。

　それでも家族総出、国を挙げての国生みであることが見えてきます。息

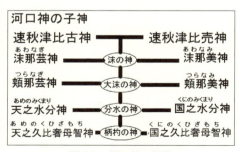

図11　河口神の子神

92

子夫婦のために必死に汗を流している姿が浮かびます。生まれた神の名前の頭の「天之」と「国之」の違いは出身クニの違いかも知れません。国生みに汗を流す中で、天之クニと国之クニの人が結婚し、互いに融合していったのでしょう。

　水分神と久比奢母智神は灌漑稲作に関係していると思われます。久比奢母智とは田んぼに水を汲んで入れる柄杓のことです。
　灌漑稲作に谷水の利用は大変重要です。谷川は開墾した田んぼより、低い位置を流れることになるので、最上流で分水して田んぼへの、用水路を引く必要があります。田の水を抜く必要もあることから排水路も必要になります。多くの田んぼに行きわたらせるためには、高低差を見極めた綿密な計画が必要になり、また灌漑する田んぼの大きさや、谷水の量に合わせた水分けが必要なのです。

　子供の頃、母の言いつけで村の役員の宅へ、田んぼへの給水の届けに行ったことがあります。翌日だったか、届けた時間がくると、田んぼの横の小川を遡り、いくつかの小川の分岐の仕切りを変えていきます。田植時には上流での水分けが多く、小川の水が勢いよく下っていきます。水と競争するように田んぼの給水口まで来ると、その小川をせき止めて田に給水するのです。田んぼにどんどん水が広がる風景を覚えています。この方法だと給水と排水ができることになります。

　大山津見神と鹿屋野比売神が、山野を分けて生んだ神が図12の神々です。

第1部　国生み

どのような神であるか諸説があります。狭土神について、本居宣長の説では、坂の神と考えています。峠では暖かい空気と冷たい空気が出会い良く霧が発生します。狭霧神は峠の霧の神と考えま

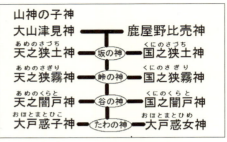

図12　山神の子神

した。谷は暗いので闇戸神は谷の神です。「たわ」とは山の二つのピークの間の低くなった部分です。道があれば峠と呼ばれます。

　ところで、大山津見神は伊邪那岐命の世代と、異なる記紀の記述にも登場します。
　①まず須佐之男命が大蛇退治する段に、足名椎の父として登場します。国生みの地域、阿波や瀬戸内海地域でなく出雲での登場です。阿波での大山津見神の活躍が、青年時代のことなら、世代的にはありえます。
　②その後、邇邇藝命の妃・木花之佐久夜比売の父が大山津見神だと記しています。この大山津見神は、神生み時の大山津見神とは世代が二世代ほど異なります。
　山神・大山津見神の娘が邇邇藝命と結婚し、海神・豊玉彦命の娘が山幸彦の妃となったのは偶然ではなく、神生みの時代から活躍の足跡を残していたため、計画的な婚姻と思われます。

大山津見神の大冒険

　大山津見神の活躍の具体的な内容が見えてきません。しかし綿

第2章　国生み・神生み

津見神より一代はやく、邇邇藝命の妃を輩出しているので、当時としては大変な活躍だったのでしょう。

とすると先に想定した、日本列島縦断のような大冒険しか考えられません。小船で列島を周回するのも大変な作業ですが、道がまともにない時代、日本列

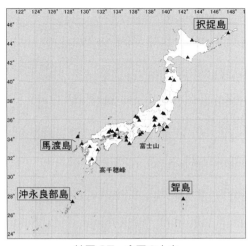

地図37　全国の大山

島を歩いて縦断したとすれば想像を絶する旅だったと思います。

それでも、国生みのためには欠かせない作業と考えます。山津見神は、その後にも幾人か生まれますが、大山津見の名は一人です。

全国に見られる「大山（おおやま）」の分布がその足跡だったらすごいことです。その分布が何かを物語るかも知れません。地図37にプロットしてみました。

択捉島、聟島（むこじま）（ケーター島）、沖永良部島と離島にあることも、驚きとともに領域を知るための遠征ならば納得できます。

瀬戸内海の中央部より東に多く分布していて、東国を巡った仮定には合致します。しかし、大山という名は、土地の人が名づけ易い名と思われ、検証することは困難です。

神奈川県伊勢原市にある大山は、相模国の象徴的な山です。

95

第1部　国生み

形良く見える場所にある、平塚の工場で長年、働いた私には、なじみ深い山です。この伊勢原市の大山には、大山阿夫利神社があり、大山祇大神(おおやまつみ)を祭神としています。

不思議に思っていたのは、日本武尊が東征でやって来た

写真22　伊勢原市の大山

とき、この大山の西に高取山や烏尾山を名づけながら、この目立つ大山に何ら手を加えていなかったことです。日本武尊は、この大山の名が、大山津見神の足跡と知っていたのであれば納得できます。

　大山津見神と同じ、綿津見神の津見について、ウイキペディアは、「ツ」は「の」、「ミ」は神霊の意としています。

　そうではなくて字のごとく、全国多くの津々浦々を見たという、倭多津見の意味ではないかと考えていました。これならば「海」を「わた」と読んで「綿」の文字をあてた謎が解けてきます。実際、対馬に和多都美神社が残ります。そうすると、この大山津見神も、全国津々浦々の山を巡った、大冒険が名になったのではないでしょうか。大山の謎が少し解けたのも、また後のことでした。

特別な神々

　倭国のクニグニの神々の子らも多く参加して、この国生みの中で活躍し名を残したのでしょう。

第 2 章　国生み・神生み

●鳥之石楠船神（天鳥船）
とりのいわくすふねのかみ

楠木で岩のように頑丈な、船を造った神の意なのでしょう。さらにそれを水鳥のように操ることもできたのでしょう。水蛭子は葦船に乗せたとする記述と、この石楠船に乗せたとする記述があります。

写真 23　諸手船

鳥之石楠船神は、後の国譲りにも登場します。古事記では、建御雷神の副として、出雲に派遣されています。

大国主命は国を譲るか否かは「美保の崎にいる事代主神に聞いてくれ」と答えたので、熊野の諸手船（多くの人で漕ぐ船）に乗って訊ね行きます。そして国譲りの答えを得るのです。
もろて

美保神社には 40 年毎に造り替えた諸手船が残されていて、諸手船神事が遺されています。謎は出雲の船なのに、なぜ「熊野の」と記されているかです。

出雲国一之宮・熊野大社には須佐之男命が「加夫呂伎熊野大神櫛御気野命」の名で祀られています。須佐之男命が「熊野大神」とされているのです。
かぶろぎ

出雲と熊野との繋がりの謎がわずか解けたのは後のことです。写真 23 は熊野川河口で見た、お祭り用の諸手船です。

●大宜都比売神

「この島は身一つにして面四つあり。面毎に名あり」と記され、粟国（阿波）に名づけられた大宜都比売です。阿波で生まれた神なのでしょう。

第1部　国生み

　五穀の起源神とされています。また日本書紀に記す保食神(うけもちのかみ)と、同一神と考えられています。
　さらに記紀の記述では、大宣都比売神は須佐之男命に殺され、保食神は月読神に殺されます。死んだ後、体のあちこちから牛馬、蚕、稲種、粟、小豆、大豆、麦などを生む記述は同じですが、体の部位と生まれた穀物の種類は違っています。
　この二神ではありませんが、このあとも、剣や排泄物や着衣を投げ捨てた先から、神が生まれるシーンを記述しています。
　神話らしいと言えますが、この研究は何から生れたかを考えることではありません。古代の人達は、この古代のできごとを忘れないようにするために、連想方法で、できごとに登場する物に関連付けたと思われます。
　したがって伝承した人が違えば、生まれた元が違うのは当然のことと言えます。

●火之迦具土神(かぐつち)（別名、火之炫毘古神(ひのかがびこ)・火之夜芸速男神(ひのやぎはやお)）

　いくつかの名があり「輝く火の男神」という意味です。日本書紀では軻遇突智(かぐつち)と記しています。伊邪那美命は、この神を生もうとした時に亡くなったので、出産時の事故と考える説が多くあります。
　古事記もそのように記していますが、生身の女性がこれまでの多くの神を、生むことができないことは前に述べました。
　後に伊邪那岐命は、伊邪那美命が死んだのはお前のためだと、火之迦具土神を斬ってしまいます。我が子を斬るなんて考えられません。母親が命をかけて生んだ我が子であれば、亡くなった母親の生まれ変わりと考え、大事に育てるものです。
　これは出産とは別な、事故であったと考えます。別途考えてみ

第 2 章　国生み・神生み

ます。

伊邪那美命病む中で成る神々

この事故の後、病み伏せる中で、また神が成ったと古事記は記します。ここでは「生んだ」ではなく、「成った」と記しています。

● 金山毘古神と金山毘売神

鉱山の神とされています。伊邪那美命の死と関係があるのかは分かりません。しかし、その頃に成ったのでしょう。また、近い名の神に金屋子神が中国地方に多く祀られていて、鉄鍛冶の神で

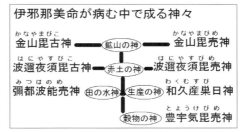

図13　伊邪那美命が病む中で成る神々

す。一見、その名から金山毘古神の子かと思われますが、親子関係かどうかは不明です。また同じ、製鉄・鍛冶の神として後に、天目一箇神(あめのまひとつのかみ)が登場します。天目一箇とは鉄鍛冶の作業での、高温の火を防護するものもなく、見たために視力を失った神であることを言っています。

● 波邇夜須毘古神と波邇夜須毘売神

日本書紀では、土の神達を埴安神というと記しています。混同しやすい人名に、崇神天皇時代に謀反を企てた人物で、武埴安彦命がいます。それで、卑弥呼を倭迹迹日百襲媛命とする説では、卑弥呼は埴安彦に殺されたと考えるほどです。

埴(はに)は埴輪と称するように、土器あるいは土器用の土のことです。土器は国生み時代より、はるか以前の縄文時代からありま

す。伊邪那美命の病む中での、成るとはどのような功績だったのでしょう。

　穀物の収量が増えれば甕の増産や、人が増えれば壺などの改良が生まれます。この時代に発達した土器には、高杯(たかつき)があります。魏志倭人伝に、「飲食に高杯をもちい、手でたべる」と記しています。また、何に使用したか謎の土器として、「分銅形土製品」があります。人の顔を摸したものもある、不思議な土器です。

● 彌都波能売神(みつはのめの)

　灌漑用の水の神とされています。水の神としては、前に水分神と久比奢母智神は灌漑稲作に関係する神として登場しています。なぜまた、ここで登場するのでしょう。伊邪那美命の死と関係するのではと思います。

● 和久産巣日神と豊宇気毘売神

　豊宇気毘売神は、後の豊受大神（台与）です。和久産巣日神のみが、神産巣日神や高御産巣日神と同じように「産巣日神」としているのは、天照大御神と同じ日神の豊受大神を生んだ、功績によると考えます。

　魏志倭人伝によれば、宗女・台与としているので、和久産巣日神も宗家の人達とともに、国生みという名の開拓に阿波へ、やって来ていたのでしょう。何故、豊受大神（台与）が13歳で倭国・女王に共立されたのか、その理由が謎です。先の「丘と岡が明かす天孫降臨」での研究では、豊受大神の実に控えめで謙虚な人柄が見えていました。しかし幼い娘の共立は、人柄の問題ではなかったと思います。どんな力を秘めていたのか、別途、考えてみたいと思います。

第3章　伊邪那美命の死

　国生みという名の開拓の中で、後の世に活躍する多くの神々を生みました。国母というに値する、伊邪那美命でしたが火之迦具土神を生む時、突然の事故で亡くなることになりました。最愛の妻を亡くした、伊邪那岐命の悲しみは深く、驚くべき展開を見せたのです。

伊邪那美命の死の謎

　伊邪那美命の死については、分からないこと、知りたいことが多くあります。なかでも次の事柄は大きな謎となっています。

謎１　亡くなった場所はどこか。

　開拓は点々と、場所を変えながら行っていました。亡くなった頃は、阿波を開拓していたと思われます。

謎２　亡くなった原因は何か。

「火之迦具土神、この子を生みしによりて、みほと炙かえて病み臥せり。」と古事記は出産事故のように記しています。病み臥せるなかでも数人の神を成していて、これが出産でないことは明らかです。原因が火の神である所に、何かがあるかも知れません。

謎３　葬った場所はどこか。

①古事記は、出雲国と伯伎国との境の、比婆の山に葬ったと記しています。

②日本書記は、紀伊国の熊野の有馬村に、葬ったとしています。

謎４　伊邪那岐命の逃避行とは何か。

　伊邪那岐命は、伊邪那美命を追いかけて、黄泉の国まで行って

第1部　国生み

話し合ったと、日本書記は記しています。しかし、変わり果てた姿に驚き、逃げ帰りますが、黄泉津醜女(よもつしこめ)などが追いかけてきて、壮絶な逃避行を繰り広げます。どこを逃げたのでしょう。今もその道は残るのでしょうか。

　謎5　禊したところはどこか。
　ようやく逃げ切った伊邪那岐命は、高天原に逃げ帰りました。そして穢れを祓うため、海または川で禊したといいます。この禊したところはどこなのでしょう。
　古事記は、「竺紫の日向の橘の小門の阿波岐原」、日本書記は、「筑紫の日向の川の落ち口の、橘の檍原(あはきはら)」と記しています。

　候補がいくつかあります。
　①福岡市西区の今津湾に面して、小戸大神宮があり候補です。
　②宮崎市の大淀川を5kmほど遡った河畔に、小戸神社があり候補です。
　③宮崎市の海岸に阿波岐原町があり、その防風林の中に、伊邪那岐命が禊したという御池があります。

熊野・花の窟

　記紀を読むと、伊邪那美命に事故が生じたとき、伊邪那岐命はその場にいなかったようです。急ぎ駆けつけ伊邪那美命と会話しているようにも見えますが、伊邪那美命が生存していた会話の内容には読めません。
　古事記が記す、葬った場所「出雲国と伯伎国との境の比婆の山」付近で亡くなったとすると、何故、伊邪那美命は伊邪那岐命と離れ、中国山脈の山中にいたか分かりません。

第3章　伊邪那美命の死

　開拓すべき大きな平野もありません。先に進んでいた伊邪那岐命を追いかけ、中国山脈を横断していたのでしょうか。伊邪那美命の事故の報を受けて、伊邪那岐命は遠く筑紫から駆けつけたのでしょうか。あまりにも離れすぎています。全く謎は解けてきません。

　謎を解くヒントは、豊玉彦命が拓いたと考えた、古代の航路の寄港の浜を訪ねる旅の中にありました。
　志摩半島のいくつかの白浜を訪ねて、紀伊半島を海沿いに西に進みました。紀北町で豊浦の表示を見つけ立ち寄ると、そこは「浜辺の桃源郷」のような素晴らしいところでした。
　古代の船の一日の漕航距離は50km程度なので、豊浦から次の寄港地と考えた紀伊勝浦町の玉ノ浦まで90knもあり、中間の寄港地は七里御浜しかないと思い、浜に降りてみることにしました。
　その時、津波避難場所案内図が掲示されていて、その中に七里御浜近くの竜宮山が記載されていたのです。車のナビに記載のない山です。
　そして、その山は日本書記が、伊邪那美命を葬ったと記す有馬村の「花の窟(いわや)」がある山だったのです。豊玉彦命は伊邪那岐命・伊邪那美命の神跡を知っていて、訪ねたとき竜王山を残したと考えていました。こ

地図38　熊野市有馬町付近

103

第1部　国生み

こでは竜王山でなく、竜宮山だったのです。

「土俗この神の魂を祭るには、花の時には花を以て祭る、また鼓吹、幡旗を用て歌い舞うて祭る。」

　日本書記は、この一文を遺しています。今も人々は伊邪那美命の死を悲しみ、花の窟から浜に170mもの綱を渡す、神事を続けているとのことです。

　近くの歴史民俗資料館でいただいた資料に、この地の言い伝えが載っていました。
「当地には神代よりの遺風として、一つ火を忌むこと、投櫛を拾わぬこと、桃を神として崇めること、海浜に産屋を建てることなどがあり、また死人の社前を通過することを厳禁し遠く波打ち際を迂回することとなっている。もしこの禁を犯せば忽ち清めの雨が降るといわれている。」
　火と出産と死を意識した伝えであることが分かります。花の窟神社も同じでしたが、近くの産田(うぶた)神社を訪ねても伊邪那美命と火之迦具土神が主祭神でした。死の原因である火之迦具土神が、伊邪那美命と同じ場所に祀られていたことに違和感を覚えました。二人の間に、この場所で何かがあったことは確かなことと思われま

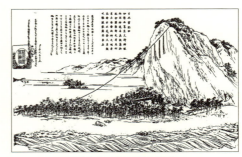

図14　花の窟の版木

す。
　そのことは畏れ多い故か、これまで耳にすることも記述でも、見たことがありません。

　熊野市の有馬付近は、「花の窟」から七里御浜に沿って海岸段丘が5kmほど続き、その山側は低地となっていて、産田川が段丘に沿って南下し志原川と合流して海に注いでいます。伊邪那美命は阿波から一時的に、この産田川沿いの稲作適地へ、開拓にやって来ていたと考えます。産田の名前も、田を産むと開拓そのものに読み取れます。
　志原川の上流の金山町には、伊邪那美命が病み伏せる中で成ったとされる、金山毘古神と伊邪那美命を祀る金山神社が見つかります。金属の精錬に火は欠かせません。火之迦具土神も阿波からやって来ていたのでしょう。

熊野の諸手船
　事故は突然に起きます。伊邪那美命の衣に火がついたか、寝所の建物に火がつく事故が発生したと考えます。
　衣の火であれば、あっという間に全身に回ります。近くに水がなければどうすることもできません。付近を転げ回ったかも知れません。畏れ多いことですが、かなりの火傷を負った事故と考えます。
　資料館の話では、花の窟と産田神社の中間に伊邪那美命の宮があったと記す、古文書があるとのことです。
　花の窟から西に600mほど、海岸段丘の端付近と思われますが、碑などはなく確定はできませんでした。おそらくは、この

第1部　国生み

宮付近での事故と考えます。それも夜ではないかと思います。火之迦具土神の別名に火之夜芸速男神とあり連想です。

大変なことになりました。伊邪那岐命は熊野に来ていま

写真24　御座船（熊野速玉大社の神宝）

せん。早く知らせなければと、七里御浜から阿波に向けて速船が出たでしょう。

懸命な手当てを続けながらも、後続の船で伊邪那美命を、阿波に運ぶこととしました。急ぎ船に伊邪那美命の輿を乗せ、船の両側に数人の漕ぎ手が並び、掛け声で合わせながら漕ぐ「熊野の諸手船」です。漕ぎ手の交代船も後を追います。

夜も休まず漕いだでしょう。潮岬を回り御坊の日ノ岬付近から紀伊水道を渡り、阿南・徳島に入り吉野川を遡ることになります。約220km、到着は翌日か翌々日になったと思われます。

ここまでは、あくまで私の想像です。しかし、伊邪那美命が熊野で事故に遭われたことは、確かなように考えます。これを仮説として、記紀の記述や伝承から、検証していきたいと思います。

熊野速玉大社の御船祭り

「花の窟」から南に20kmほど、熊野川河口にある熊野速玉大社は、伊邪那岐命と伊邪那美命が祀られています。ここでは毎年、諸手船が登場する御船祭りが行われています。

熊野夫須美大神（伊邪那美命）が神幸船で熊野川を1kmほど

第3章　伊邪那美命の死

遡った川中の御船島に渡り、再び速玉大社の社殿に還ってくる祭事です。1800年も続くとのことです。御船島の周辺では、9艘の早船による競争や、「諸手船」の上での「ハリハリ踊り」などが行われます。

写真25　御船祭り

このハリハリ踊りについて、「熊野の謎と伝説（澤村経夫）」は述べています。

「船の舳先に一人の女装した男子が立つ。赤い頭巾を長くたらし、赤い衣に黒い襷と黒い帯をしめた女装の男が、手に櫂をもって、意味不明の「ハリハリセ」といいながら舳先で踊るのである。

この奇怪な、しかも祭りで重要な役目を果たす赤衣の人が、なんの呼称もつけられず、なんの役目もわからぬまま遠い昔より受けつがれている。

……この赤い頭巾と衣、黒い帯と襷に、なにかの深い意味がこめられているのではないだろうか。口にするのもおそろしい不吉の神、たたりの神、それゆえに、ないがしろにできず祀らねばならぬ理由があるはずである。」

写真26　ハリハリセ

107

第1部　国生み

　赤い櫂を持つ踊り手は、漕ぎ手の音頭に合わせて行く手を遠望するような仕草をして、時々手をかざします。
　これはまさに事故に遭遇した伊邪那美命を搬送する風景です「ハリハリセ」の掛け声も「速く、速くせー」に聞こえてきます。地域一帯では大変なできごとだったことが分かります。

熊野生まれの須佐之男命

　祭りの中心となる神幸船には、御輿が移され、舳先に五彩の稚児像と一つ物が乗船します。その一つ物とは、別名「ショウマンサマ」と呼ばれる、青年姿の人形の御神体だとも記しています。

　この舳先に乗る稚児は、須佐之男命ではないかと思います。
　速玉大社を訪ねると、神宝館に御輿が乗った神幸船（写真24）とともに稚児像（写真27）が保存されていました。驚いたのはその稚児が櫂を持って船を漕ぐ姿だったことです。母親の突然の事故に、幼いなかにも大変なことが、起きたことは分かります。必死に櫂を漕いでいたのです。

　伊邪那美命の実子である、三姉弟の中で末っ子の須佐之男命は最後の開拓地、熊野にやって来ていたのでしょう。

　遠く出雲にある熊野大社では、須佐之男命の別名「熊野大神櫛御気野
（くし　み　けぬ）

写真27　稚児像

命」を祭神としていて、須佐之男命が熊野の出自であることを名にしていると考えます。

あるとき、「お前はなぜいつもこんなに泣いているのか」と父・伊邪那岐命は須佐之男命に聞きました。答えていわれるのに、「私は母について根の国に行きたいと思ってただ泣くのです」と。ついに「望み通りにしなさい」と言って追いやられました。

稚児の時代に、熊野で母の事故に遭遇した須佐之男命は、心に深い傷となったのでしょう。泣いてばかりの少年時代を過ごすことになり、出雲へ追いやられることとなりました。

出雲へは一人で開拓に出向いたのではなく、多くの職業集団を率いていたでしょう。この時、「熊野の諸手船」が伝えられたとしても不思議ではありません。

伊邪那岐命の衝撃

熊野から諸手船で運ばれた伊邪那美命は、吉野川を遡り、美馬市穴吹町三島にある、「伊射奈美神社」付近に着岸したと考えます。

この付近には伊邪那美命が、病む中で成ったとする彌都波能女神（みつはのめ）や、植山姫を祀る神社が見つかります。また伊邪那美命を祀る吉野川沿いの三つの式内社の内、最下流なので、この付近がこの時の開拓拠点だったと考えます。

前に彌都波能女神が灌漑用の水神と紹介していますが、伊邪那美命の事故に、患病・手当にあたっていたのではと推測しました。火傷では、まず水で冷やすことが大事です。

神名の彌都（水）と波の文字から、波に揺られる小舟の上で必死に手当する姿を想像します。しかし、その甲斐なく亡くなるこ

とになりました。

　伊邪那美命が亡くなったときの、伊邪那岐命の所在地は不明と考えていましたが、その痕跡を見つけました。熊野市有馬町にあった竜宮山と同じ、竜宮山がもう一つあったのです。
　西摂の北部にある猪名川上流の二つの竜王山が、指し挟むように竜宮山が見つかります。麓に立っても小さな山で、山頂部を確定できませんでした。訪ねた時はその存在意味を気にすることはありませんでした。気づいたのは、ここに記述が到ってのことです。
　豊玉彦命はこの、伊邪那美命の事故に際しての二人の位置が、歴史に記録するべき内容と考えたのでしょう。七里御浜で見た、「津波避難場所案内」掲示板の竜宮山との遭遇は、奇跡だったのかも知れません。
　伊邪那岐命に第一報を届けるにも、現在地を探すのが大変な時代です。焦りながらも探しあてたときには、数日を要していたでしょう。事故の報を受けた、その衝撃は想像を超えます。そして第二、第三報と届く中で、伊邪那美命が亡くなられたことを知ることになったでしょう。
　猪名川上流から川を下ったか、陸を走ったのか、さらに海を渡り、吉野川を遡り、夜を通して駆けつけます。

火之迦具土神の責任
　悔しい思いは、火之迦具土神に向けられることになります。「愛(うつく)しき我が汝妹(なにも)の命を、子の一つ木(け)に易(か)へつるかも。」と怒りは、ついに十拳剣（伊都之尾羽張とも云う）を抜いて、火之迦具

第 3 章　伊邪那美命の死

土神を斬ってしまいました。

　事故原因が火之迦具土神の過失なのか、伊邪那美命の過失だったのかは分かりませんが、いずれにしても火が原因であるため、「火の神」として責めを負ったのでしょう。

　熊野速玉大社の御船祭りの諸手船の舳先で、赤い衣で「ハリハリセー」と指揮した姿こそ、火之迦具土神の必死の姿だったのではと思われてきます。火之迦具土神の過失ならば、舳先であれだけ頑張れただろうかと思います。しかも、有馬の村では伊邪那美命と火之迦具土神が、同時に祀られていたことが、火之迦具土神の無過失を遺しているように考えます。

火神、死せる時に成った神々
　十拳剣の血が湯津石村に走りついて、神々が成ったと記します。図15です。
　人が血から成ることはないので、剣にかかわる神を、このような表現で記憶したのでしょう。
　後の国譲りで活躍する経津主神と建御雷之男神の祖がこの時、名づけられたことが分かります。ただ、古事記では経津主神と建御雷之男神は同一人物の如く表現しています。
　これでは、甕速日神から建御雷之男神まで三世代が、この時同時に成っ

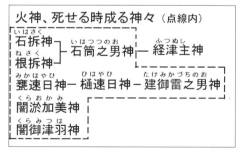

図15　死せる時成る神々

第1部　国生み

たことになりますが、後に活躍した神なので、ここにその出自を記録したのでしょう。闇淤加美神（くらおかみ）と闇御津羽神（くらみつは）は谿谷の水を司る神とされています。

湯津石村

血が走りついたとする、湯津石村の意味について、多くの岩石の群れとの解釈があります。火之迦具土神を斬ったその、下流に血は流れつき、そこで剣の神々の名がついたと想像できます。

そう考えて地図を見ると、美馬市にある伊射奈美神社の下流、4kmと7km余りの吉野川両岸に、岩津と湯立の地名が見つかりました。湯津石村は二つの村を示しているようです。両村にある神社を結んでみると、直線が吉野川と交差するところは舟戸です。訪ねると河原になっていて船をつけるに適しています。吉野川が忌部山の影響で大きく湾曲した下流のため、小砂利が堆積しやすいのでしょう。当時と大きく変わらないかも知れません。

火之迦具土神を斬った血が、大河を4kmも流れて分かるはずもなく、これは伊邪那美命の遺体を、「殯」（もがり）の場所へ移動させたことを意味しているのでしょう。伊邪那岐命が開拓地から戻ったときには、すでに殯の準備を終えていたかも知れません。日本書紀一書（第九）では、次を記しています。

「伊邪那岐命がその妻を見た

写真28　湯津石村

第 3 章　伊邪那美命の死

いと思われて、殯のところへおいでになった。」

　この「もがり」について、ウイキペディアは次のように説明しています。
　殯とは、日本の古代に行われていた葬儀儀礼で、死者を本葬するまでのかなり長い期間、棺に遺体を仮安置し、別れを惜しみ、死者の霊魂を畏れ、かつ慰め、死者の復活を願いつつも遺体の腐敗・白骨化などの物理的変化を確認することにより、死者の最終的な「死」を確認すること。その棺を安置する場所をも指すことがある。

もがりの平野
　吉野川の支流・川田川流域の小さな平野が、「もがり」の平野になったと思われます。現在、吉野川市山川町があります。
　遺体を置いた場所は下船場所の舟戸から遠くはないはずです。2kmあまり離れた、高越山に続く尾根の端にある、小山しかないと考え、そこの天神社を訪ねました。

　40mほど石段を登ると、神社の広場になっていました。木が周りを囲み、荘厳な雰囲気は今も失われていません。当時石段はなかったので、尾根道から遺体は運ばれたと思われます。
　そこから300mほど西南

写真29　もがりの平野

第1部　国生み

の尾根に天王原の地名が残り、神社のマークが地図にあったので訪ねました。八坂神社でした。眼下に平野や吉野川が見えます。伊邪那岐命は、ここに行宮をこしらえ天神社の、伊邪那美命の殯に通ったのでしょう。

写真30　天神社

「頭のあたり脚のあたりを這いずって、泣き悲しみ涙を流された。」と記します。
「ここにその妹伊邪那美命を相見むと欲(おも)ひて、黄泉國に追い往きき。ここに殿の縢戸(とのさしど)より出で向かへし時、伊邪那岐命、語らい詔りたまひしく、『愛しき我が汝妹の命、吾と汝と作れる国、未だ作り竟へず。故、還るべし。』とのりたまひき。ここに伊邪那美命答へ白ししく。『悔しきかも、速く来ずて。吾は黄泉戸喫(よもつへぐい)しつ。然れども愛しき我が汝夫(なせ)の命、入り来ませる事恐し。故、還らむと欲ふを、且く黄泉神と相論(あげつら)はむ。我を視たまひそ。』とまおしき。かく白してその内に還りいりし間、甚(いと)久しく待ち難(かね)たまひき。」

殯の中でのことと思います。伊邪那岐命は、「二人でつくってきた国は、まだ作り終わっていない。戻ってきてほしい」と語りかけました。
伊邪那美命は「速く来てくれなかったので、黄泉の食事を食べてしまった。我が夫のために、戻るよう黄泉の神に掛け合ってみる」と姿を消しました。しかし、なかなか戻ってきませんでした。

第3章　伊邪那美命の死

　伊邪那岐命の語りかけに、返した伊邪那美命の返事は、霊的な力を持つ、現代では「イタコ」と呼ばれる、巫女が返した言葉と思われます。伊邪那美命の心に立って、「速く来てほしかった」と述べた後、今度は伊邪那岐命の心を思いやって、現世に戻るよう黄泉の神に掛け合ってみると、希望を持たせたのです。
　しかし、いつまで待っても、戻ることはありませんでした。

　伊邪那美命の死は、阿波から讃岐、愛媛と伝わったでしょう。淡路島にも伝わり、人々は死を悲しみ、もがりの平野にやって来て別れを悲しみました。小さな平野は人であふれたと思われます。

母との別れ
　天照大御神こと大日靈尊（おおひるめのみこと）は、ここ阿波で生まれ育ったと思います。突然の別れに何を考えたのでしょう。
　この別れでの須佐之男命、月読命、兄弟とのわずかな年齢差が、生き方への考えの差に繋がっていったのでしょう。

　賢い天照大御神は阿波で、国づくりの開拓のこと、人の生死など多くのことを学んだと思います。眼前に広がるスペクタルのような、人々の悲しむ光景に、王と民のありようも学

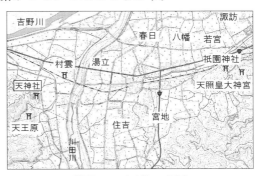

地図39　もがりの平野
（徳島県吉野川市山川町）

第1部　国生み

んだに違いありません。

　天照大御神や須佐之男命など子達は、平野の反対の山の中腹からお別れをしたようで、神社が残ります。天照皇大神宮の名を見つけ訪ねると、古い階段は崩れ神社も立派な名にそぐわぬ、荒れた社殿になっていました。その近く、やや下に須佐之男命を祀る祇園神社がありました。

写真31　天王原から

高越山

　殯を終えた、伊邪那美命は高越山に葬られたと考えます。高越山（1133m）は、表紙カバーの背景の山です。地元では「オコーツァン」と呼ばれています。「お高越山（こうえつさん）」とあがめた呼びが、訛ったものと思います。

　近くまで車で上がれるとの情報で、訪ねることにしました。頂上近くに高越神社と高越寺があり、その先の険しい尾根道を進んだ所に、伊邪那美命の陵とされる山頂部がありました。いくつもの祠があり、埋められた塚と思われる所もありました。

　高越寺では、この神陵を守

写真32　神陵への参道

第3章　伊邪那美命の死

るがごとく、今も修験を積んでいるようでした。神陵についてお聞きすると、居並ぶ弟子達に説明するように、真剣な言葉で、いろいろ教えていただきました。
「道もない時代に、この険しい山に、伊邪那美命を運び上げられたのでしょうか？」と、素人らしい疑問を述べると、「いや、運び上げたのだ」と即座に返答をいただきました。

八人の山津見神

古事記の火神死せる時に成った、最後の神は、図16の八人の山津見神です。この神は先の大山津見神の大冒険ではなく、伊邪那美命を高越山の山頂に葬る作業で活躍した神と考えます。

```
火神、死せる時成る神々
正鹿山津見神（まさかやまつみ）　志芸山津見神（しぎやまつみ）
淤縢山（おどやま）　〃　　羽山（はやま）　〃
奥山（おくやま）　〃　　原山（はらやま）　〃
闇山（くらやま）　〃　　戸山（とやま）　〃
```

図16　山津見神達

当時は甕棺でなく、板状の石を箱状に組み合わせた、箱式石棺の時代です。遺体だけでなく、重たい板状の石の担ぎ上げも必要です。

地形に強い神が道を開き、強力の神が担ぎ上げます。当時としては最も高い山の陵と思われます。

もがりの平野の記憶

国生みという名の開拓にやって来た人達にとっては、忘れえぬできごとになったはずです。太陽が消えたように、感じたに違いありません。倭国に戻る人、新しい土地に移る人、阿波に残る人、これを境に新しい出発と考える人が出てきます。そして、これを

記憶し、また記録しようとした人もいたでしょう。

　神を生んだ一族も平野にやって来て、葬送の日々を過ごしました。平野から天神社の小山に向かい、涙を流したでしょう。
　その場所が川田川の対岸の微高地のようで、地名として残ります。(地図39) ここの地名を一族の地名としたのか、一族の名を地名に残したかは定かでありません。

●住吉　吉野川市山川町住吉
伊邪那岐命が高天原に戻り、禊した際に化生したとされる、底筒之男神・中筒之男神・上筒之男神は住吉三神と呼ばれ住吉神社に祭られています。三神はここで「もがり」したのでしょう。
●春日　吉野川市山川町春日
中臣氏の祖神、天児屋命(あめのこやねの)は春日神と呼ばれ、奈良の春日大社などに祀られています。中臣氏は天孫降臨に随伴しています。この時の活躍が認められ、祭祀を担うようになったと考えます。
●村雲　吉野川市山川町村雲
村雲といえば、須佐之男命が出雲で、「やまたの大蛇」を退治した際に、尾から取り出したとされる「天の叢雲剣(むらくものつるぎ)」や火明命の末裔・天村雲命を思い浮かべます。ここの村雲には天村雲命が祀られています。ただ、村雲の地名だったので、後に天村雲命が祀られた可能性もあります。
　突然、大蛇の尾から剣が現れることはないので、「天の叢雲剣」には、それ以前の由来があるように思います。

　獏としたことしか分かりませんが、いくつかの歴史の始まりがここにあることは確かと思います。

第3章　伊邪那美命の死

忌部氏の記録・忌部山

忌部氏(いんべ)は中臣氏とともに、古代朝廷の祭祀を担った氏族です。伊邪那美命の葬送を指揮したと思われます。

忌部氏は、やはり天孫降臨に随伴した、天太玉命を祖

写真33　神陵

としています。古語拾遺の記述では、天太玉命は高御産巣日神の子とされているので、天児屋命や天太玉命は国生みに参加していて、葬送に立ち会った人なのかも知れません。
「もがりの平野」の東西に忌部山が見つかり、それぞれに忌部神社と種穂神社が置かれています。そして、それを結ぶ中間に天神社があります。これが忌部氏による記録なのでしょう。

119

第4章　伊邪那岐命の逃避

　伊邪那岐命には、もう明日の日を想像することもできません。国生みの夢を追う気力も、阿波で生きていく気力も、すでに失くしていたかも知れません。すべてをかなぐりすてて、高天原に戻ることも、頭に浮かんでいたでしょう。

最後の別れ

「我が夫のために、戻るよう黄泉の神に掛け合ってみる」と話したその言葉を信じて、待ち続けました。今日は、今日はと待ちましたが待ちきれず、ついに伊邪那美命の元を、もう一度訪ねることにしたのです。遺体は高越山に担ぎ上げられたと聞き、わずかの伴を連れて、山津見神の案内で山に登ります。

「かく白してその内に還りいりし間、甚久しく待ち難たまひき。故、左の御角髪に刺せる湯津津間櫛の男柱一固取りかきて、一つ火燭して入り見たまひし時、蛆たかれころろきて、頭には大雷（いかづち）居り、胸には火雷居り、腹には黒雷居り、陰には拆雷居り、左の手には若雷居り、右の手には土雷居り、左の足には鳴雷居り、右の足には伏し雷居り、拌せて八はしらの雷神成り居りき。
　ここに、伊邪那岐命、見畏みて逃げ還る時、その妹伊邪那美命、『吾に辱見せつ。』と言ひて、すなはち黄泉醜女を遣はして追はしめき。」

　遺体はまだ塚に埋められず、仮殿に安置されていました。暗い

殿の中へ火をともして入りました。八人の雷は、泣沢女(なきさわめ)と呼ばれる女が、遺体にすがって泣く習俗の神話的表現と思います。

　火傷の傷跡があり、巫女は伊邪那美命の心を察し、「私を見ないで」と伝えたのに、蛆がたかる姿を見てしまったのです。衝撃は大きく逃げましたが、八人の黄泉醜女（泣沢女）が追ってきました。

　日本書記の一書（第十）が、もう少し違う表現で具体的です。比較してみてください。

　伊奘諾尊が伊奘冉尊のおられる所へ、いらしゃって語っていわれるのに、
「あなたがいとしくてやってきた」と。
　答えて言われる。
「どうぞ私を見ないでください」と。
　伊奘諾尊が聞かれないで、なおもごらんになっていた。それで伊奘冉尊は、恥を恨んでいわれるのに、
「あなたは私の本当の姿を見てしまわれました。私もあなたの本当の姿を見ましょう」と。
　伊奘諾尊は恥ずかしいと思われたので、出て帰ろうとされた。そのときただ黙って帰らないで誓いのことばとして、
「もう縁を切りましょう」
　といわれた。また、
「お前には負けないつもりだ」
　といわれた。そして吐かれた唾から生れた神を名づけて速玉之男という。次に掃きはらって生まれた神を黄泉事解之男(よもつことさかのお)と名づけた。

第1部　国生み

　その妻と泉平坂で相争うとき、伊奘諾尊がいわれるのに、
「はじめあなたを悲しみ慕ったのは、私が弱虫だった。」と。
　このとき泉守道者が申し上げていうのに、
　伊奘冉尊のお言葉がありまして『私はあなたともう国を生みました。どうして更にこの上生むことを求めましょうか。私はこの国にとどまって、ご一緒には参りません』と。

　二人の別れの中での、伊奘諾尊の心の葛藤が描かれています。「お前に負けないつもりだ」は、何に負けないつもりか不明でしたが、後述の、いつまでも「悲しみ慕ったのは、私が弱虫だった」にかかる言葉と考えます。別れを決断し、強く生きていく宣言だったのです。
　速玉之男と事解之男は、熊野速玉大社など熊野三山に祀られていて、伊邪那美命の死と熊野は切り離せないことが分かります。
　伊邪那岐命は二人に、熊野に戻り伊邪那美命の死を記録するよう命じていたのかも知れません。

逃避の尾根道

　もがりの平野に下れば、また弱虫に戻ってしまうと考えた伊邪那岐命は、反対に降りる決断をしていました。
　山頂の高越寺の僧にお聞きした時も、「寺と反対側の尾根道を下った」との言い伝え

写真34　尾根道

第4章　伊邪那岐命の逃避

を教えてくれました。なので、高越山の山名は「高きを越えた山」という意味と解釈しました。

　祠の向こうにある塚の先は、尾根続きのようです。絶壁ではないので、道はないが降りることができそうです。その尾根道を追ってみたいが、一人で降りるのは危険です。車で下に降り、林道を迂回して尾根の降り口を、探すことにしました。
　暮れかかった林道を進むと、高越山の尾根が見えてきました。近づこうとあわてて、横道に入ると車が工事中のぬかるみに入り、進退極まります。危うく山中で一夜を明かしそうになりましたが、なんとか脱出に成功しました。
　探しあてたところは、二つの谷川が合流する、市初（いちはな）という小さな集落に向かう看板があるところでした。しかし、ここに伊邪那岐命が降りついた、証拠は何もありません。

　日も暮れてしまい、いかに車中とはいえ山中は怖い。幸い、たどり着いた所が、美馬市の国道492号の木屋平―穴吹町間でした。明日、この先の逃避の道をたどりたいので、町まで戻ることとしました。

忌部氏のすさまじい記録
　木屋平には、忌部氏の直系の末裔が、今も住んでいる情報を得て、朝もまだ早いので、立ち寄ってみることにしました。木屋平は広く、探しあてたところは、国道から脇道を延々と登った先の行き止まりにある、三木家でした。
　高台のやや開けたところに、一軒の住宅があり、写真35のよ

第1部　国生み

うに家の前には麻栽培と思われる畑が広がっています。ちょうど桜が咲いていて、まるで桃源郷です。年代を経た住宅は、現在の当主、三木信夫さんが住んでおられました。

写真35　三木家住宅

やがてバスで団体がやって来たので、一緒に当主の話を聞くことにしました。

当主は阿波忌部の直系で、中世には阿波山岳武士の旗頭でこの地で勢力をもっていたことや、天皇即位式に使用する大麻の布・あらたえを、大正天皇以来、復活して貢献していることなどを知りました。

それにしても、素朴な疑問として忌部氏の先祖が、何故こんな山中に居を構えたかです。あらたえ用の大麻栽培に適していた為なのでしょうか。国生み時代には、あらたえもなかったでしょうに。

素晴らしい景色に付近を散策する中で気づきました。この三木家の裏側が絶壁に面していたことです。これはもしかすると昨日の、伊邪那岐命が降りた尾根に面しているのでは、と考えたのです。

写真36　三木家裏の風景

第 4 章　伊邪那岐命の逃避

　絶壁の木の隙から見た風景が写真 36 です。高越山は見えません。中央の右下がりの尾根がその尾根です。昨日の市初の小さな集落が、尾根の麓に見えます。なんと三木家の先祖は、伊邪那岐命が降りた尾根を後世に遺すために、この絶壁に住むことを決めたのです。そして 1800 年もの世代をつないで遺していたのです。尾根を記録するにはこの方法は消えることがなく、この方法しかなかったのでしょう。すさまじい記録だったのです。
　このことを当主に話すと、おおよそは気づいていたようで、この尾根道を登ったことがあるとのことです。思ったほどの険しい道ではないが、今は登る人もいないと話していました。

神武東征隊の指し示し

　神武東征の経路に残した、高塚山（地図 16）、高城山（地図 17）の中で、この高越山を指し示していたことが後に分かりました。どの山で指し示したか探してみてください。国生みの中で倒れた伊邪那美命への感謝を、神武東征隊も残していたのです。

阿南へ逃避の道

　徳島県の東南部の阿南に、向かおうとしたようです。伊邪那美命の故郷の川・那珂川と同じ名の那賀川の河口が目的地です。ここで船に乗ろうと考えたのでしょう。
　道もない山中を 60km 以上の逃避です。新しい出発の道と考えたのでしょうが、黄泉軍まで加わった泣沢女に追われて、逃避の道に変わってしまいました。

　この逃避の道の情報は、ネットの「第二回阿波古代史プロジェ

第1部　国生み

クト〜天照大神生まれし阿波の橘　制作（有）東阿波ケーブルテレビ」から得ました。天照大御神は伊邪那岐命が、逃避した先で禊したとき生まれたが、その禊の場所を阿波の橘とする説です。

　邪馬台国阿波説の一部ですが、調べてきた伊邪那美命を葬った高越山に、つながる重要情報です。吉野川流域の式内社のみを調べても、神武東征までの多くの神々が祀られています。大巳貴命（おおなむちの）や事代主神、少名彦名命など出雲の神も見えます。ここが国生みの舞台だったことを知っていて、やって来ていたのでしょうか。邪馬台国阿波説が、生まれても不思議ではありません。

　ここで得た情報を元に、逃避の道を訪ねてみることにしました。

　また逃避の中でもがりの里へ使いを出し、3人の子供達や伴の人を、待ちあわせ場所の那賀川河口に呼び寄せ、船での航海の準備をさせたと考えます。

記紀が記す、逃避のできごとの該当地

　阿波古代史プロジェクトが述べる逃避の道と、できごとの該当地は次の通りです。私が昨日見た、尾根下の市初には降りず、さらに尾根をたどり進んだ経路になっています。

●雄中面（おなかずら）徳島県勝浦郡上勝町生実字雄中面

　泣沢女がおもいもかけず、追ってきました。泣沢女達も蛆がたかり、息もつまるような場所に長くは、居たくなかったかも知れません。

「伊邪那岐命、黒御鬘（くろみかずら）を取りて投げ棄つれば、すなわち蒲子（えびかずらのみ）生りき。」

「くろみかずら」に因むとおもわれる「かずら」が入っています。

第4章　伊邪那岐命の逃避

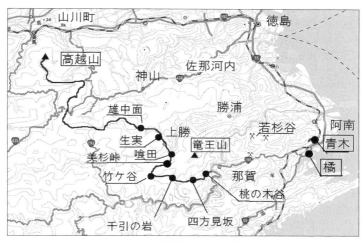

地図40　伊邪那岐命、逃避の道

●生実（いくみ）　徳島県勝浦郡上勝町生実

　投げつけた髪飾りが葡萄になり、泣沢女達が、これを拾って食べる間に逃げようとしました。生実は、髪飾りが葡萄になったことに因むと思われます。

●喰田（しょくた）　徳島県勝浦郡上勝町喰田

　食ったと読めます。葡萄を食ったことに因むと思われます。

●竹ケ谷（たけがたに）徳島県那賀郡那賀町竹ケ谷

　葡萄を食べ終わると、また追いかけてきます。
「またその右の御角髪に刺せる湯津津間櫛を引き闕きて投げ棄てつれば、すなはち笋生りき。こを抜き食む間に逃げいきき。」
　竹が生え、これを食べたことに因むと、考えることができます。

●千引の岩（ちびきのいわ）　徳島県那賀郡那賀町西納

　今度は、八柱の雷に千五百の黄泉軍が加わり、追ってきたと記します。

127

第1部　国生み

「最後にその妹伊邪那美命、身自ら追い来たりき。ここに千引の岩をその黄泉比良坂に引き塞(さ)へて、その石を中に置きて、各對ひ立ちて、事戸を度(わた)す時……」

この岩とされる「千引の岩」があります。

写真37　千引の岩

●四方見坂（よみざか）

徳島県那賀郡那賀町阿井四方見坂

●桃の木谷（もものきたに）

徳島県那賀郡那賀町阿井桃の木谷

「黄泉比良坂の坂本に到りし時、その坂本にある桃子三固を取りて、待ち撃てば、悉に逃げ返りき」

古事記では桃を投げたのは、「千引の岩」の前だったので、上勝町から那賀町に到る美杉峠と思われます。

この四方見坂と桃の木谷の地名は、山中から抜け出し那賀川べりに出る付近の阿井にあります。

この平地に出たところに、竜王山がみつかり驚きます。山沿いに古い街道が通り、宿場の名残のように見えました。豊玉彦命はここまでやって来て、この逃避の道の出口を記録したものと思います。

写真38　竜王山

第4章　伊邪那岐命の逃避

　泣沢女が追ってきた辺りまでは、事実かも知れませんが、他のことは伊邪那岐命の心の葛藤の表出のように見えます。

禊祓い

「ここをもちて伊邪那伎大神詔りたまひしく、『吾はいなしこめしこめき穢き國に到りてありけり。故、吾は御身の禊爲む』とのりたまひて、竺紫の日向の橘の小門の阿波岐原に到りまして、禊祓いたまひき。」

　伊邪那美命の死の謎のいくつかが解けてきて、謎5は伊邪那岐命が禊した場所の謎です。
「竺紫の日向」とあったので、これまで福岡の今津湾にある小戸大神宮から室見川、日向川を遡った日向峠にかけてのことと考えていました。伊都国に帰り着き体の穢れを落とすのは、自然な行為です。
　ところがこの逃避の道の先、阿南に橘や青木の地名があると知りました。地図40です。
　ようやく「穢き國」から脱出したならば、早く禊したくなることも当然です。このまま、「穢き体」で、長い航海をして倭国に戻ることは考えられません。
　納得できる橘や青木の地名の出現です。青木を阿波岐原と阿波を用いた表現なので、この阿南の地が最初の禊

写真39　阿南の小戸神社

129

の場所だったことが分かります。

　写真39は禊したとされる付近です。古代この周辺は海だったとのことで、小山には小戸神社があります。

　一書（第十）では、阿波の水門と速吸名門でも禊を試みたが、この二つの海峡は潮流が速く、できなかったと記していて、何度か禊したことが分かります。帰り着いた福岡今津湾での禊もあったと思われます。

禊での神々の化生（1）

　伊邪那岐命が禊したときに、たくさんの神々が生まれています。命は男性なので化生と記しています。

　持ち物から化生したと記すのは記憶のためで、意味があるわけではありません。この神々は、逃避の山中の道で活躍した人達で、顕彰の意味があると思います。

　内、三柱の神が近くの、伊島に祀られています。

　注目は時量師神の名があったことです。これまでの山々の直線の設定には、経度の測定が欠かせないと考えていました。

```
禊での神々の化生（1）
御杖　──　衝立船戸神（つきたつふなと）
御帯　──　道之長乳歯神（みちのながちは）
御袋　──　時量師神（ときはかし）
御衣　──　和豆良比能宇斯能神（わづらひのうしの）
御褌　──　道俣神（みちまた）
御冠　──　飽咋之宇斯能神（あきぐひのうしの）
左の御纏─　奥疎神（おきざかる）
　　　　　　奥津那芸佐毘古神（おきつなぎさびこ）
　　　　　　奥津甲斐辨羅神（おきつなかひべら）
右の御纏─　邊疎神（へざかる）
　　　　　　邊津那芸佐毘古神（へつなぎさびこ）
　　　　　　邊津甲斐辨羅神（へつかひべら）
```

図17　禊での神々の化生（1）

第4章　伊邪那岐命の逃避

そのためには夜の星角度と時間を正確につかむ必要があります。ここではどのような方法で時を量っていたかは不明ですが、このような山中行でも、時を計測する技師がいたことが分かります。

禊での神々の化生（2）

穢らわしい国に到って成った神、その禍を直そうとしてなった神と記しています。

追手を「千引の岩」や「桃の投げつけ」などで、防いで撃退するなど、伊邪那岐命の心のケアを行ってきた神々かも知れません。

禊での神々の化生（3）

「上つ瀬は瀬速し、下つ瀬は瀬弱し。」ということで中つ瀬に降りて、潜りすすぎます。

```
禊での神々の化生（2）
汚垢より ― 八十禍津日神（やそまがつひ）
　　　　　大禍津日神（おほまがつ）
禍を直し ― 神直毘神（かむなほひ）
　　　　　大直毘神（おほなおび）
　　　　　伊豆能売神（いづのめ）
```

図18　禊での神々の化生（2）

```
禊での神々の化生（3）
水の底 ― 底津綿津見神（そこつわたつみ）
　　　　底筒之男命（そこつつのを）
水の中 ― 中津綿津見神（なかつわたつみ）
　　　　中筒之男命（なかつつのを）
水の上 ― 上津綿津見神（うわつわたつみ）
　　　　上筒之男命（うわつつのを）
```

図19　禊での神々の化生（3）

水の底、水の中、水の上と三度すすいで成った神と記しています。

第1部　国生み

　伊邪那岐命の行いが、名前に残るとは、なんとも名誉な名をいただいたものです。これからの航海に備えて、もがりの平野から呼び出されたのでしょう。
　三人の綿津見神は神々が集った志賀海神社に祭られ、安曇氏の祖とされています。この三人の綿津見神の一人の子が、安曇野の穂高神社に祀られる、宇都志日金拆命（うつしひかなさくのみこと）です。世代的に見て綿津見大神（龍王）こと、豊玉彦命は底、中、上津綿津見神の一人である可能性があります。

　また、底、中、上筒之男命の筒は、津々浦々を渡る航海の意味と考えます。ここで、綿津見達は神で筒之男達は命となっています。神と命の尊称に明確な違いはないとされています。
　しかし、これまで見てきたところでは、王家、宗家の人達に命が多く、命をかけ活躍した人に神の尊称が多く見受けます。王は民から尊敬を受けるが、八百万の神々の考えを聞き、それを命令と受け止め、国づくりに必死に励む姿です。

　底、中、上筒之男命は、福岡市の住吉神社に祭られています。奴国の王家筋の人達であるため、命の尊称となり神の次に記されたのでしょう。一般人の方を先に記すのも民主的と言えます。伊邪那美命の、もがりの平野でも、住吉が天神社に近い位置だったのは、奴国の王家筋ゆえの配慮に見えてきます。

第5章　天照大御神

天照大御神の誕生

　禊の際、綿津見の三神などを成したのち、天照大御神など三貴子を成したと記しています。
「ここに左の御目を洗ひたまふ時に、成れる神の名は天照大御神。次に右の御目を洗ひたまふ時に、成れる神の名は月読命。次に御鼻を洗ひたまふ時に、成れる神の名は、建速須佐之男命。」

　阿南市見能林町青木・柏野付近に「天照大御神生誕の地」の伝承があることが分かりました。写真40は、伊邪那岐命が禊した場所の近くの、賀志波比売神社です。賀志波比売は天照大御神の幼名のようです。

写真40　賀志波比売神社

　現実的には、三人が同時に母亡きあとに生まれることはないので、もがりの里、山川町から呼び寄せて、ここで再会したことの表現と考えます。

　それでは、実際の産湯をつかった誕生の地が、別にあると考えます。伊邪那美命を祀る神社が、吉野川上流より並んでいて、最下流の美馬市の伊射奈美神社が、亡くなった時の拠点と思われることから、これより上流で誕生したと推測しました。

第1部　国生み

幼い子供のことなので、足跡がなくても不思議ではありません。この吉野川流域には沢山の神々が祀られているなかで、式内社の一社で天照大御神が見つかりました。吉野川上流にある鴨神社（徳島県三好郡東みよし町加茂）です。

写真41　鴨神社

東みよし町は、吉野川上流でやや広い耕作地が広がります。右岸にあるここに、加茂族がやって来ていたのでしょう。耕作地より少し高い神社の境内は広く、訪ねるとお年寄り二人の女性が、走っていたのに驚きました。三貴子の兄弟も、この広い境内で遊ぶ姿を想像しました。

次の開拓地へ

伊邪那岐命は、このまま国生みを放棄し、船に乗って倭国に戻り、また今津湾で禊したのでしょうか。それではいかにも、弱虫のままの、それも薄情な男の誹りを免れません。生きざまを見せてほしいものです。古事記を読みなおすと。

「然ありて後、還えります時、吉備児島を生みき。……次に小豆島を生みき。……次に大島を生みき。……次に女島を生みき。……次に知訶島を生みき。……次に両児島を生みき。」

「還えります時」の記述は、どこから還る時か記載がないが、阿

波から倭国に還る時と考えることができます。伊邪那岐命は弱虫の心をはねのけ、新しい国生みに挑んでいたことが分かり安堵します。

吉備の特殊器台や特殊壺が奈良の古墳で見つかり、弥生後期に吉備が進んだ地域であることが見えていました。それがこの国生み開拓で進んだように思います。

伊予の二名島と吉備児島を生む間に、生んだとする次の国や島は、阿波に拠点を置いた中での国生みであることが分かります。
海神の綿津見神を派遣していたのでしょう。
「次に隠岐の三子島を生みき。……次に筑紫島を生みき。……次に伊伎島を生みき。……次に津島を生みき。……次に佐渡島を生みき。……次に大倭豊秋津島を生みき。」
この六島にこれまでの淡路島、伊予の二名島を含めて大八島国というとしています。

吉備と安芸東部の開拓

中国地方の吉備と安芸東部には、龍（竜）王山がたくさん見つかり、その理由が不明でした。地図41は分布図です。

出雲・伯耆の山陰には一つもありません。龍王こと豊玉彦命がやって来たときには、出雲や伯耆は須佐之

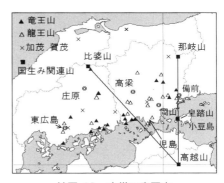

地図41　吉備の竜王山

第1部　国生み

男命から大国主命の時代に変わっていて、入ることができなかったか、避けたものと考えます。

　播磨にも全くなく、また播磨国風土記に大国主命の伝承が多いことから、播磨も国生みの空白地だったかも知れません。

　三貴子を連れての帰還途上での、吉備の開拓であれば天照大御神もこの吉備で、数年の開拓を経験したものと考えます。その宮跡は見えてきませんが、ここで高天原での王としての教育がされたのでしょう。後に高天原で次のように述べています。
「豊葦原の千秋長五百の水穂国は、我が御子、正勝吾勝勝速日天忍穂耳命の知らす国ぞ。」
　この強い統治の意志は、阿波に生まれ、吉備で開拓に携わったその経験から生まれたと考えます。

那岐山

　吉備の龍（竜）王山を地図で見ていると、津山の北東に那岐山(なぎさん)という、伊邪那岐命の二文字と思われる山が見つかりました。（地図41）調べるとやはり伊邪那岐命がこの山に登った伝承があるようです。

　この山に登った理由を探すと、阿波の高越山の真北であることが分かりました。伊邪那岐命は、伊邪那美命の陵の場所を探していたのかも知れません。吉備のこの奥深くまでやって来ていたことが分かります。天照大御神も10歳を過ぎておれば、この旅に参加できたでしょう。旅は人を育てます。後に才能を表す方角のことや、用心深い配慮はこの旅の中で生まれたかも知れません。

　那岐山と高越山を結んだ中間には、小豆島の皇踏山(おうとざん)が見つかり

ます。吉備児島を生んだ
後、小豆島を生んだと記
す古事記の内容が、阿波
からの帰還の途上であれ
ば、順が後先となり不思
議に思っていました。小
豆島も陵の候補地となっ
たのかも知れません。

写真42　貝殻山から瀬戸内海

　伊邪那岐命が上陸した吉備児島には、この国生みの歴史の足跡と思われる名づけの山が多く残ります。祇園山は高梁市の祇園山との組で、やはり阿波の高越山に向いています。日向山は安来市の比婆山久米神社付近の日向山と対に見えます。神登山(しんとうざん)は伊邪那岐命が上陸して、始めて登った山かも知れません。稲荷山は後に豊受大神が、訪ねてきた足跡かも知れません。高梁市、高松市の稲荷山がなす直線で、神登山を指し挟んでいるように見えます。

比婆山の神陵

　古事記は黄泉国の項で「その謂はゆる黄泉比良坂は、今、出雲国の伊賦夜坂と謂ふ。」と記しています。黄泉比良坂はすでに阿波で見つかっています。これはどういう意味なのでしょう。

　出雲には伊邪那美命を葬ったという、二つの比婆山があります。中国山脈にある比婆山と、安来市伯太町横屋の比婆山久米神社です。

　龍（竜）王山を訪ねる旅の準備で、地図を眺めていると、岡山県の井原市に高越山が見つかりました。読みは「たかこしやま」

第1部　国生み

ですが、徳島の高越山と結んでみました。地図42です。

伊射奈美神社を経てつながっていました。反対に伸ばすと比婆山です。この間に二つの竜王山が見つかります。

中国山地の比婆山に豊玉彦命が、訪ねていたことが分かります。豊玉彦命がやって来る前に、この比婆山にある神陵はあったことになります。

地図42　比婆山と高越山

しかも近くに吾妻山があり、庄原市の吾妻山と対でこの比婆山を指し示しています。

吾妻山は日本武尊が東国東征の折、嵐を鎮めるため身を投じた妃の弟橘姫を想い、帰還の道に残した山として知られています。

西国には、ここの1対しか見あたりません。ここで吾妻といえば吾妻・伊邪那美命しかいません。伊邪那岐命が帰還の折、この比婆山に改めて伊邪那美命のために陵を残していたのです。伊邪那岐命が薄情な男でないことを知り、安心しました。

ここまで記述してきて、伯太町横屋の比婆山久米神社の

写真43　伯太町の比婆山神陵

第5章　天照大御神

奥宮と徳島の高越山とを結んでみました。この比婆山にも神陵があります。中間にはなにも見つかりません。（写真43）

ところが反対に伸ばすと、松江市東出雲町揖屋(いや)にある、黄泉比良坂伝承地になっていました。（地図42）この坂は古事記が記す出雲の伊賦夜坂(いふやざか)とも考えられています。

写真44　黄泉比良坂伝承地

伯太町横屋の比婆山神陵は、後に出雲にやって来た須佐之男命が、阿波の母を偲んだ神陵かも知れません。大国主命に娘を取られて追いかけた時も、この黄泉比良坂まで来て許しています。そしてこう述べています。

「その我が女須世理毘売を嫡妻として、宇迦の山の山本に、底つ石根に宮柱ふとしり、高天の原に氷椽たかしりて居れ。」

住むべき場所をピンポイントで指定しています。宇迦の山の山本は現在の出雲大社と思われます。この出雲大社が、比婆山を通して高越山と結ばれていたのです。地図42の通りです。何のためかは分かりませんが、母思いの須佐之男命なればと思います。

比婆山（1264m）

その島根県・広島県境の比婆山を、訪ねてみることにしました。ひろしま県民の森に向かうと、スキー場の向こうになだらかな陵線が見えます。反対に回れば、車で登れるという情報を得て迂回することにしました。

第1部　国生み

　その途中に熊野神社が見つかりました。比婆山の御陵への参道入り口になります。掲示の熊野神社略記によれば、元、比婆大神社と呼ばれていたが、848年、熊野神社に改称したとあります。
　伊邪那美命が祭神ですが、

写真45　比婆山御陵

相殿に須佐之男命も祀られています。これまで調べてきて、熊野が大いに関係ある地名であることが分かってきましたが、この改称時にも熊野が意味のある地名と知っていたのでしょう。

　しばらく細い林道を登ると、右手に長い尾根が見えてきてその先端が竜王山のようです。比婆山の標高、1264mのうち1100mあまりを一気に登ると駐車場がありました。車を降りて静かな林の中を、登り返しながら1時間ほど進みます。途中、千引石がありました。
　御陵はなだらかな山頂にある、直径10数mの岩群れであることが分かりました。駐車場付近の立烏帽子山（1299m）より低いが、ここが選ばれた理由が、この厳かな岩群れにあることが分かります。またこの岩群れの中に、伊邪那美命を葬ることは不可能であることも分かりました。

帰還

　子供達が成長し、開拓の見通しも得たことで、伊邪那岐命は倭国に戻ることにしました。伊邪那美命の死を乗り越え、次なる国

第5章　天照大御神

生みをやり遂げたのです。王として力強く、成長していたに違いありません。

国生みを次のように記しているので、帰還の経路は瀬戸内海を進んだことが分かります。

「……次に大島を生みき。……次に女島を生みき。……次に知訶島を生みき。……次に両児島を生みき。」

大島は柳井市東部の周防大島、女島は国東半島付近の姫島とされています。特別開拓に適した島ではないので、帰還の帰途での名づけと考えます。

問題は知訶島、両児島の候補地が、長崎県の五島列島と男女群島で、九州島の反対側にあることです。北九州の博多湾に戻るのに、危険な鹿児島の南周りの航海は考えられません。博多湾を越えて、五島列島まで出向く理由もありません。全く別な理由があると考えます。もしかすると、向かった先の新しい高天原を指し挟んだものかも知れません。邪馬台国の都（現在の朝倉市）です。

三貴子の分治

出発地の室見川河口に降り立った伊邪那岐命は、伊邪那美命とともに帰れなかったことを悔いたでしょう。それでも、この不幸を倭国に持ち込まない心で、今一度、禊しています。

「筑紫の日向の……」と禊の

写真46　禊の浜

第１部　国生み

場所を長々と記したのは、２度の禊だったためでしょう。この禊は今津湾の小戸大神宮前の浜付近と考えます。(写真46)
　子供達や、一緒に帰還した綿津見神達もならって禊したと思います。

　神々をはじめ、多くの人の出迎えがあったでしょう。その中で天照大御神の美しい姿は、目を引いたに違いありません。人々の前で子供達の紹介をします。
「吾は子を生み生みて、生みの終に三はしらの貴き子を得つ。」
　御頸珠(みくびたま)の緒もゆらに取りゆらかして、天照大御神に賜ひて、
「汝命は、高天原(たかまのはら)を知らせ。」
　次に月読命に詔りたまひしく。
「汝命は、夜の食国(をすくに)を知らせ。」
　次に建速須佐之男命に詔りたまひしく。
「汝命は、海原を知らせ。」

遷都
　神々への帰還の報告でも、天照大御神の話す言葉に驚き、伊邪那岐命が決めた高天原の主に、一も二もなく決まったと思います。倭国統一王の誕生です。神々の期待や心配する国の行く末も、天照大御神にはすぐに理解します。
　しばらくして、高御産巣日神の勧めもあって、高天原を筑紫平野に移すことを決めます。大陸からの進攻に備えての配慮です。すぐに国生みで培った用心深さを発揮します。

　地図13の三角域が、新しい高天原です。「別天つ神五柱」の会

第5章　天照大御神

合での邪馬台国代表は、高御産巣日神でした。この三角域の朝倉は、天照大御神（卑弥呼）が住んだ倭国の都であって、卑弥呼が邪馬台国の王ではなかったことを、付け加えておきます。

宮殿跡

天照大御神（卑弥呼）が住んだ宮殿跡は、今も見つかっていません。上記の三角域の底辺に平塚川添遺跡があります。当時の環濠遺跡ですが、ここは下宮あるいは仮宮だったと思います。なぜなら、こ

写真47　須川付近

こは筑後川に近く、低地なため洪水に遭いやすい立地です。開拓の前進基地のような役割と考えます。

三角域は旧郡名では下座郡になります。三角域の東、筑後川の北岸の高台が上座郡です。阿波の開拓で水害の恐ろしさは熟知しています。この上座郡に宮殿はあったと推理しています。

地図43は朝倉市須川付近で、旧上座郡にあります。天照大御神が住んだ所と推定した場所です。黒く塗ったところが、堀のようになった地形で、幾重にも須川地域を取り囲んでいるように見えます。付近を何度も訪ねて探索しました。朝倉市教育委員会も発掘を試みていますが、宮跡を発見した報を聞きません。

左右の直線は伊都国にある、平原から麻底良山を結んだもので、天照大御神が遷都のために進んだ方角を記録したものと思います。この角度は112度で立春の日の出の方角にあたり、日に向

第1部　国生み

地図43　卑弥呼宮殿跡の推定地

かう心の表現に見えます。縦線は地図11のH1とF2を結んで延長したもので、須川で交差しています。このような直線は証拠となりませんが、同じく地図11のE2とF2を結んだ直線が、天香久山の元山とされる把木市の高山に正確に伸びていることから古代人が、さまざまに工夫を凝らしていることが分かります。

五穀の起源

　天照大御神が、食糧増産に注力した一端が記録されています。
「また食物を大氣都比売神に乞ひき。」

　神生みの項では大宣都比売神と記しました。日本書紀によれば、月読神が、阿波まで遣いをしたと思われます。そこで大氣都比売が田畑で人糞や尿を肥料として撒いていました。
　これを見た月読神は、汚たないものを食べさせたとして殺して

しまいました。私も子供のときには母が畑に、家族の糞尿を撒くのを見て、同じように思ったことがあります。知識がなければそのようなものでしょう。

　天照大御神は大変怒られて、月読神に「もうお前に会いたくない」と言って昼と夜とに分けて、住むことになったと記します。もう一度、人を遣り粟・稗・麦・大豆・小豆の種を持ち帰り種としています。さらに村長も定めたと記しています。

　また天照大御神は、口の中に蚕の繭を含んで糸を抽くことができ、このことで養蚕ができるようになりました。

　魏志倭人伝が記す倭国の様子から、天照大御神がめざした国づくりが垣間見えてきます。
　①その風俗は淫らでない。
　②男子は冠もなく、髪を出している。婦人は、たらし髪にしたりまげて束ねたりしている。
　③桑を蚕に与え糸を紡いでいる。絹や綿織物を作りだしている。
　④建物には居室があり、父母兄弟で寝所を別々にしている。
　⑤死ぬと、まず亡骸を留めること十余日、その間、肉を食べない。
　⑥喪主は哭泣し、他人は歌舞飲酒につく。葬れば家をあげて水中にいたり澡浴をする。
　⑦集会の立ち居ふるまいには、父子や男女による区別がない。
　⑧人の性は酒をたしなむ。
　⑨人々は長寿である。
　⑩窃盗をせず、訴えごとはすくない。
　⑪租賦をおさめる。それを留める倉がある。
　⑫クニグニに市がある。

第1部　国生み

⑬たがいの有無を交易し、身分の高い人にこれを監督させる。
⑭女王国より以北には、特に一大率をおいて、諸国を検察させている。一大率は伊都国において治めている。

現代の日本人の立ち居振る舞いや習慣が、この時代にすでに、できていたことに驚きます。また葬送の方法も阿波での、伊邪那美命の葬送と良く一致しています。

須佐之男命の涕泣

須佐之男命は倭国に戻って、髭が胸元に届くまでに成長しても、泣き虫が治らなかったようです。その様は「青山は枯山の如し」と古事記は大仰に記します。そのように伝わっていたのでしょう。そこで父・伊邪那岐命は問います。
「何由かも汝は事依させし国を治らさずて、哭きいさちる。」
「僕は妣（はは）の国、根の堅洲（かたす）国に罷らむと欲ふ。故、哭くなり。」
　ここに伊邪那岐大御神、大く忿（いか）怒りて、
「然らば汝はこの国に住むべからず。」
　ここに速須佐之男命言ひしく、
「然らば天照大御神に請して罷らむ。」

伊邪那岐命はその後、高天原の日の少宮に留まりお住みになったとも、淡路の地に静かに永く隠れられたとも伝えています。

須佐之男命が高天原へ

一見、古事記の記述は日本書記と違って独断と偏見があるように見えます。日本武尊東征では、古事記は尊が東征を渋ったと記

述し、日本書紀は、進んで向かった記述になっています。古事記は「日本武尊が兄を殺していない、ことなど分かっているではないか」といった記述方法なのかも知れません。このあとも、このような記述方法に思えてきます。

　泣き虫の須佐之男命が出雲に向かった後、見間違えるように活躍しています。須佐之男命はどこで変化したのでしょう。すでに演技は始まっていたかも知れません。

　すなはち天に参上る時、山川悉に動(とよ)み、国土皆震(ゆ)りき。
「我が汝弟の命の上り来る由は、必ず善き心ならじ。我が国を奪はむと欲ふにこそあれ。」
　と、天照大御神は戦いの男装をして待ち、須佐之男命に問います。
「何故上り来つる。」
「罷り往かむ状を請さむと以爲ひてこそ、参上りつれ。異心無し。」
「然らば汝の心の清く明きは何して知らむ。」
　ここに須佐之男命答へ
「各誓ひて子産まむ。」

　突然、話が別な方向に進みます。なぜ子を産むことで、心の清いことを知らせることができるのでしょう。
　用心深い天照大御神は、結婚した夫に国が左右されることを恐れ、生涯独身を決めていました。須佐之男命は、それを心配し一計をもってやって来ていたのです。山も鳴り響いた音は、この計画を公にする演出です。この先の結果を見てそれが分かります。

第1部　国生み

天の安河

このやりとりは、「天の安の河」を中に置きと記しているので、互いに河岸まで寄っての会話です。したがって河幅は声が聞こえる30m前後の距離で対峙したと思われます。

写真48　天の安の河

朝倉市の西、旧夜須町側にある現在の小石原川が天の安河といわれています。当時と地形は変わっていますが、写真48は付近の風景です。大河でないことが分かります。

天の安の河の誓約

天の安の川近くに「天の眞名井」があったようで、そこで誓約(うけい)が行われます。須佐之男命の心が清ければ、産まれる子は男子で、さもなければ女子が生まれるとして、互に子を生みます。

「天照大御神、まず建速須佐之男命の佩(は)ける十拳劔を乞ひ渡して、三段に打ち折りて、瓊音ももゆらに、天の眞名井に降り滌ぎて、さ嚙みに嚙みて、吹きつる氣吹のさ霧に成れる神の名は、多紀理毘売命、……次に市寸島比売命……次に多岐都比売命」

三人の姫が成ったと記しています。国生みの段で「成った」と記したのと同じで、三つ子を産んだわけではありません。

「速須佐之男命、天照大御神の左の御角髪に纏かせる八尺の勾璁の五百固の御統の珠を乞ひ渡して、瓊音ももゆらに、天の眞名井

第5章　天照大御神

に降り滌ぎて、さ嚙みに嚙みて、吹きつる氣吹のさ霧に成れる神
の名は、正勝吾勝勝速日天之忍穂耳命。……次に天之菩卑能命。
……次に天津日子根命。……次に活津日子根命。……つぎに熊野
久須毘命。」

　五人の男子が成りました。日本書紀一書（第三）では6柱です。
忍穂耳命の頭につく「正勝吾勝勝速日」とは、「正しく勝った、
私が勝った、勝つこと日が昇るが如く速い」という須佐之男命の
勝ち名乗りです。
　ところが思いもかけない、天照大御神の一言があります。

「この後に生れし五柱の男子は、物実我が物によりて成れり。故、
自ら吾が子ぞ。先に生れし三柱の女子は、物実汝が物によりて成
れり。故、すなはち汝が子ぞ。」

　「眞名井」と呼ばれる岩清水の井戸は、全国に見つかります。そ
こで、朝倉付近に岩清水の「眞名井」を探しましたが見つかりま
せん。書紀をよく読むと三ケ所を掘ったとあるので、河原に三ケ所
掘った井戸と思われます。
　近くに太刀洗町という、天照大御神が須佐之男命から借りた十
拳劍を、三段に折って滌いだ場所と、誤解しそうな地名がありま
す。
　ここは後の武将が刀の血を洗った由来でした。その武将の銅像
がある公園で、小石原川が筑紫川に合流する本郷付近は、少し掘
ると水が湧き出る情報を得ました。訪ねると今も井戸水を使用し
ているとのことで、眞名井は見つかりませんでしたが、この付近

149

第1部　国生み

のできごとと納得できる状況でした。(地図45参照)

　新しく掘った三ケ所の井戸に、男子グループ、女子グループ、無人と分けて配置し、どちらの井戸を選んだかといった誓約の進行を想像しました。突然、子達を集めることもできないので、須佐之男命が連れてきた、子なのでしょう。伊都国の宗家の子達か、奴(那)国など博多湾岸国の王の子女も含まれていたかは分かりません。

　三貴子ながら、天照大御神や月読神と須佐之男命では、名づけが全く違います。その由来は未だ謎です。須佐之男命は出雲の須佐が終焉の地とされているが、雲南市の須我神社は八岐大蛇退治後、新婚時代に建てた宮跡とされています。ここにも須があることから、早くから須が用いられていたことが分かります。

　須佐之男命の名が、いつ名づけられたかは分かりませんが、この名に「天照大御神を助ける男」の意があると思います。佐は助ける意味ですから、須を助けるになります。

　そこで須の意味が問題になります。辞書では次のように記しています。

　[音] ス(呉)　シュ(漢)　[訓] すべからく
　①必要とする。　例「必須」
　②わずかの間。しばらく。
　③梵語の音訳字　例「須弥山」

　助けが必要な男では神名になりません。地名と考えると天照大御神に結びつきます。仮説ですが、先に記した天照大御神(卑弥呼)の宮殿があったと考える場所が、朝倉市須川だったのです。

　すなわち、須川に住む天照大御神を補佐する男、と解釈できる

のです。もしこれを神々が名づけた名であれば、表面上は泣き虫の、あるいは粗暴な男を演じているが、神々はその真実を知っていたことになります。

　日本書記一書（第二）では、三種神器の一つ、八尺瓊曲玉をこの誓約の時に須佐之男命が持参し、これを天照大御神が所望したと記しています。これも須を補佐する一端かも知れません。

須佐之男命の勝さび

　しかも、須佐之男命は自分が成した子は、女子と認めているのです。
「ここに速須佐之男命、天照大御神に白ししく、『我が心清く明し。我が生める子は手弱女を得つ。これによりて言さば、自ら我勝ちぬ。』と」
　これでは負けを認めたことになるが、「勝さび」勝ちにまかせて高天原で暴れ始めました。これも演技かも知れません。
　①天照大御神の螢田の畔を離ち、溝を埋め。
　②大嘗を聞こしめす殿に屎まり散らしき。
　天照大御神は咎めず、こう述べました。

「屎如すは、酔ひて吐き散らすとこそ、我が汝弟の命、かく為つらめ。また田の畔を離ち、溝を埋むるは、地を惜しとこそ、我が汝弟の命、かく為つらめ。」
　それでも悪しき態止まず、ますます甚だしかった。天照大御神、忌服屋に坐して、神御衣織らしめたまひし時、その服屋の頂を穿ち、天の斑馬を逆剝ぎに剝ぎて堕し入る時に、天服織女驚きて、梭に陰上を衝きて死にき。

第1部　国生み

ついに、死人まで出たと記しています。

天の石屋戸

「故ここに天照大御神見畏みて、天の石屋戸を開きてさし籠りましき。ここに高天原皆暗く、葦原中国悉に闇し。これにより常夜往きき。」

怒った天照大御神は天の石屋戸に籠ってしまったのです。そして夜ばかりの世界になってしまいました。

高千穂神楽の石屋戸場面でも、岩窟の岩戸を開くシーンが出てきます。そこで古代を訪ねる旅で、朝倉市付近の山に岩穴がないか探してみることにしました。

卑弥呼宮殿があったと考えた須川付近の、妙見川筋は堀が深く、南面は崖になっています。そのあたりも探索しましたが見つかりません。岩穴は長年の風化で埋まってしまったのかと考えてもみました。

しかし、良く考えれば、こんな山中の岩窟に何故、天照大御神は、そこまでして籠る必要があるのか見えてきません。か弱い女性が岩を動かし戸のように塞ぐことさえできません。

後に神武東征で登場する岩舟が、岩でできた舟でなく丈夫な船の表現であることは、すぐに分かります。これまで石楠船神の表現もありました。これは丈夫な建屋の中に籠った意味と解釈した方が納得できます。

写真49　杷木の志賀神社

第5章　天照大御神

　写真49は、朝倉市把木にある、高山（天の香山）の麓の志賀神社です。天の岩屋戸の前での神々の集いでは、天の香山から草々の植物を採っているので、天の香山とされる、高山を訪ねてみたのです。小さな神社です。

　天の安の河原に神々が集まって、高御産巣日神の子、思金神が良く考えた案を提示しました。

　岩屋の中から、天照大御神を誘い出す計画です。次のように展開します。

　まず、準備を始めます。

順	誰が	何を	どうした
1	―	長鳴き鳥を集めて	鳴かせた
2	伊斯許理度売命（いしこりどめの）	天の金山の鐵（まがね）で鏡を造り	眞賢木の中枝に取付けた
3	玉祖命（たまおやの）	八尺の勾璁から五百固の御統（みすまる）の珠をつくり	眞賢木の上枝に取付けた
4	天児屋命 布刀玉命	天の香山の眞男鹿の肩（はばか）を打抜 天の香山の朱櫻を取りて 天の香山の眞賢木を根こじて	占った 下枝に白和幣（しらにきて）・青和幣を垂らす

　石屋戸前で

順	誰が	なにをした
5	布刀玉命	上の種々と太御幣（ふとみてぐら）を持って
6	天児屋命	太詔戸言禱（ふとのりとことほ）き白して
7	天手力男神（あめのたぢからをの）	戸の掖に隠れ立ち

第1部　国生み

| 8 | 天宇受売命 | 天の香山の天の日影を手次(かけ)に繋けて
天の眞拆を鬘として
天の香山の小竹葉を手草に結ひ
天の石屋戸に糟伏(うけふ)せて、踏み轟かせて神懸りし
胸乳をかき出で裳緒(もひも)を陰に押し垂れる |

結果

9	八百萬の神	共に笑う
10	天照大御神	天の石屋戸を細めに開き「何由にか、天宇受売が樂し、八百萬の神が笑うのか」
11	天宇受売命	「汝命に益して貴き神座す。故、歡喜び笑い樂(あそ)ぶぞ。」
12	天児屋命 布刀玉命	天宇受売命が答えている間に鏡を指し出して、天照大御神に示し奉つる。
13	天照大御神	いよいよ奇しと、稍戸(やや)より出でて臨む
14	天手力男神	天照大御神の御手を取りて引き出す。
15	布刀玉命	尻くめ縄をその御後方に控き度して「これより内にな還り入りそ。」

　ついに天照大御神が出られて、高天原も葦原中国も明るくなりました。そして、須佐之男命を追放します。
　八百萬の神は議りて、速須佐之男命に千位の置戸を負せ。鬚を切り、神遂らい遂らいき。

塚原の志賀神社祭り
　神々が集まり岩屋戸の前で踊った神社と考えた、志賀神社があ

第 5 章　天照大御神

る塚原集落内の町角に、志賀神社の祭りについての伝承が、掲示されていました。

「塚原の志賀神社秋祭りは、変わった習慣で知られている。祭りは毎年10月9日、11時に氏子全員が志賀神社にて神事を行った後、次の宮座にて全員で酒を酌み交わします。……座元はこの日を迎えるに当たり、事前の準備に追われます。座元は毎年、近隣の応援をいただいて、その任に当たります。祭りの当日は、寄せ太鼓で全員が揃うと神職によって祝詞が奏上されお祓いがあります。これが終わると、お神酒とお飯供を全員がいただきますが、その間に、神前に供えた大きな鯛を刃を研がない鎌で氏子戸数分にさばいて、切って分配する習慣になっています。また、お飯供とこの鯛は、「タニヤソ」の木で作った箸を使う事になっています。この神事が神社で終わると公民館で二回目の宮座が行われます。ここで変わっているのは、必ずどじょう汁が出る事です。……」

準備に追われながらも、氏子全員が小さな神社に集まり、酒を酌み交わす風景は、天の岩屋戸での神々の集いの風景と交錯します。

仮に高山の麓の志賀神社が、天の石屋戸のあった場所として

地図44　志賀神社付近

第1部　国生み

も、宮殿のあったと思われる須川から 4km も離れていて、偶然にも立派な岩戸のある建屋は、なかったでしょう。粗末な柴小屋を見つけて閉じこもったものと思います。

　そこをこじ開ければ、簡単に開きますが、そして無理に天照大御神を引き出しても、きげんを損ねまた閉じこもれば無意味です。まずは自分から出ていただかなければなりません。思金神が思い巡らしたすえの作戦だったのです。

石屋戸隠れは天照大御神の死ではない

　この石屋戸隠れにより、夜ばかりの世界になったという表現から、247 年と 248 年にあったとされる日蝕との関係を取り上げ、天照大御神が死んで、二代目天照大御神が生まれたシーンという説があります。

　天照大御神（卑弥呼）の後を継いだのは、豊受大神（台与）です。たしかに、豊受大神は神武東征の際も、「天照大神の命もちて」などと記しています。二代目天照大御神という表現もあたるかも知れません。しかし女王の交代を、舞台の早変わりのように行うはずもなく、卑弥呼から台与に変わった間には、男王を立てたが国中不服だったとあり、早変わりなど不可能です。

　須佐之男命の勝さびを原因としているので、須佐之男命の若い時代の話で、姉の天照大御神も若い時代の石屋戸隠れです。

　太陽のような、若くて美しい女王がいてこそ、高天原は華やぎ生きいきします。女王が隠れ、いなくなり高天原は常夜のように暗くなったのでしょう。少しオーバーな表現と考えます。それでも、天照大神が出てこられて、もとの高天原に戻りました。天照

の名はこの時に生まれたと考えます。

　志賀神社のある、麻底良山と高山に挟まれた地域（地図44参照）は、志波と呼ばれていることが分かりました。また天照大御神が誕生したと伝わる、阿南の神社が賀志波比売神社でした。天照大御神はこの時まで、志波比売と呼ばれていたのかも知れません。

天照大御神（卑弥呼）の塚
　邪馬台国論争では、その国の位置とともに卑弥呼の塚への関心が高く、近畿説では箸墓古墳が、九州説では平原１号墳への支持が多く見られます。

　邪馬台国九州説の中の一つである、神武東征説に該当するこの研究でも、平原１号墳を有力視してきましたが、高天原があった朝倉市杷木の麻底良山上の他には、ありえないと考えるようになりました。

　「麻底良」は、「アマテラス」のアとスを省いた山名です。天照大御神が生存中に、文字を変えて、前後の文字を抜いて名付けることは考えられません。よって、この山名は天照大御神が亡くなった後の、名付けと思われます。

　死後に山名を残すのは、葬られた塚あるいは陵のあり場所しかありません。天照大御神の名を直接名付けるなどは、畏れ多く、それでも名を残したいがための「麻底良」だったと考えます。

　伊邪那美命の高越山をはじめ、邇邇芸命の可愛之山陵、山幸彦の高屋山上陵と山上の陵が続いていて、平地の平原１号墳は不自

第1部　国生み

然です。天照大御神は出自が伊都国ではあるが、生まれは国生みの中の阿波と思われ、伊都国に住んだ期間は短く死後、朝倉から遠い伊都国まで運ぶ必然性がありません。

　一緒に生活した多くの人達がいる、朝倉の高天原で殯し、その後、近くの塚に葬るのが自然なことです。

写真50　須川集落から見た麻底良山

　天照大御神の跡を継いだ豊受大神は、東征で高天原を捨てるにあたり、高倉山を配置し高山とで麻底良山を指し残していました。これだけは残さなければ、という強い意志を感じます。

　神武東征隊も指し残していたことが分かりました。この巻末の旅で、朝倉の鳥屋山と同名・同種の山に注目しました。朝倉の鳥屋山は東征隊が意識して、残していたと思われます。それも神武が高御産巣日神を祀った場所は、この鳥屋山を奈良に移したとされる、橿原の鳥見山でした。

　この鳥屋山と、う

地図45　麻底良山

158

きは町の鷹取山で「麻底良山」を指し残していたのです。交差する二つの直線が、「高（鷹）取山」のベクトルで描いた三角領域Tの直線とほぼ並行に設定していたことが分かりました。(地図45)

平原1号墓について、このような差し残しを調べましたが、明確なものは見つかりませんでした。

麻底良山を訪ねる

魏志倭人伝は「卑弥呼、以て死す。大いに塚を作る、径百余歩。徇葬者の奴婢百余人」と記していて、山頂に百余歩の塚が見つかるか否かが、決定的な鍵となります。

これを自分の目で確認したく、訪ねることにしました。ただし、麻底良山には、たたりの噂があり慎重な行動が必要です。

このうわさは、日本書紀の記述に始まります。斉明天皇が西征した際、近くに橘広庭宮を建てるため、朝倉社の木を切り払って造ったので、雷神が怒って御殿をこわし、宮殿内に鬼火が現れたと記しているからです。

さらに、近侍の人々に病み死ぬ者が多く出たとつづき、斉明天皇もこの時亡くなっています。そして葬送のとき、朝倉山の上に鬼があらわれ、大傘を着て喪の儀式を覗いていたとあります。この朝倉山が目指す麻底良山のことです。

実におどろおどろしい内容で、それに加えて登山口には看板がありました。平成10年の社殿葺き替えの時、ご神体を移すと山鳴りがあり、戻す時には「ボーン、ボーン」と明るい音がしたまで書いてあります。まるで脅しのようです。

第1部　国生み

　身を引き締め、急な山道をジグザグに折り返しながら30分ほど登ると、麻底良布神社の石段が現れ到着しました。写真51のように、周辺は枯れ枝が垂れ下がり大変荒れていました。神社は自然な山頂部を成形し平たんにした

写真51　麻底良山頂の様子

ところに、建てられたようです。社殿方角はやや南西に向いていました。よくある神社の建て方で、変わったところはありません。
　ところが周辺を観察すると、社殿の平たん部より10mほど下、西南方向の尾根がやはり略平面に成形してあることが分かりました。降りてみると社殿域を後円とした前方部に見えます。もしかすると前方後円に成形したものかも知れません。
　大きさなどを知りたいが、道具がないので、ここはいったん出直すことにしました。

　下山し登山口の鳥居の前で、GPS測量を行おうとし、空を見上げた時、アッというできごとがありました。虹色の輪がかかった太陽があったのです。太陽に薄い雲がかかり生ずる自然現象ですが、めったに見ることはできません。天照大御神を訪ねた戻り

写真52　太陽の虹（白虹）

第5章　天照大御神

の鳥居前のできごとに、たたりの暗い思いは飛び、大御神のこの研究に対する応援と、考えることにしました。

　この麻底良山参拝は監視されているようで、旅の戻りに再度訪ねると、駐車場での測量準備中にバイクでおばさんがやって来て何をするのか訊ねてきました。二日前に私がやって来たことも知っていました。古代研究の調査だと説明すると戻っていきましたが、調査を終え昼頃山から降りてくると、こんどは車の横でおじいさんが、シートを敷き寝ながら私の戻りを待っていたのです。
　最近の神社荒らしへの警戒かとも思いましたが、たたりへの警戒のようにも受取れました。調査内容を説明し、先日見た太陽の虹から、天照大御神がこの研究を応援していると話すと、その太陽の虹は新聞に出たので、すでに知っていました。80歳前後のおじいさんですが、これまで麻底良山に登ったことがないとの話に、やはりこの山に対する怖れがあったと感じました。
　後続の研究者のために記すと、麻底良山に登るときは、天照大御神へ豊受大神が行ったように御食を献じ、敬意を払うなら天照大御神は歓迎してくれるだろうと附しておきます。

　その後、この麻底良山には、戦国時代に城があったことが分かりました。1532〜1615年頃の期間ですが、山頂部の平たん部はこの時の成形の可能性が高いように思われます。
　この城つくりの中で、神陵は残念ながら失くなってしまったかも知れません。しかし古代人が、この麻底良山を指し残した事実だけは、これからも残ることになります。

第1部　国生み

豊受大神への交代

　天照大御神（卑弥呼）が亡くなったのち、13歳の台与（豊受大神）が跡を継ぎました。豊受大神が、伊邪那美命の死と関係する迦具土神の子孫であることは、神生みの項で分かってきました。しかし、なぜ13歳で抜擢され国中が収まったのか、その理由は解けていません。この後、第2部の出雲国譲りの中で、見えてきたものがあるので、第2部で報告します。

魏使の来倭

　卑弥呼（天照大御神）が亡くなる10年ほど前のことです。朝鮮半島の魏の帯方郡を治めていた公孫康の子・公孫淵（こうそんこう）は、独立心が強く父の死後、呉と組み魏に反旗を翻しました。しかし魏に敗れ、帯方郡は魏の直轄地となりました。このタイミングで卑弥呼は使いを魏に送り、難升米（なしめ）と都市牛利（としごり）の二人が洛陽に至りました。魏志倭人伝は、これを景初2年（238年）のことと記しています。（景初3年とする説があり、草書体で似た二と三の写し誤りかも知れません）

　正始元年（240年）難升米らは、郡の梯儁（ていしゅん）と共に、魏の皇帝から授かった「親魏倭王」の金印や銅鏡100枚などを持ち帰りました。

　正治8年（247年）、魏の2度目の来倭を記述しています。倭の載斯（きし）・烏越（あお）が帯方郡にやって来て「狗奴国の男王・卑彌弓呼（ひみこを）との不和、攻撃の様を説明した。」ので、郡の太守が洛陽に出向き報告したのです。そこで、曹掾史（そうえんし）の張政らが詔書・黄幢（こうどう）を持って

やって来て、檄をもって告諭したとあります。その後、卑弥呼は死んだと記していますが、この戦いで亡くなったのか、病気だったのかは記されておらず不明です。

魏志倭人伝の記述

魏志倭人伝は冒頭で、倭のクニグニの状況と、そこに至る行程を記述しています。この行程記述がいろいろに読み取れて、邪馬台国論争が続いてきました。これまで、この書では行程の方角を、夏至の日の出方角を東とした−28度偏向した基準で、記述していると述べてきました。(P18)

地図46　有力比定地と方角

そこでクニグニの位置について、この基準でもう少し詳細に検証し、行程の距離記述についても検討したいと思います。

地図46の対馬から唐津市呼子に向かう直線は、地図5に表示した狗邪韓国から高千穂峰にのびる直線です。この直線が呼子を通過させていることから、魏使は呼子に上陸したと考えています。

地図は、呼子から伊都国、奴国、不彌国、邪馬台国の有力比定地を結んでいます。呼子港から伊都国の中心と思われる細石神社を結ぶと、ほぼ真東にあたるが魏志倭人伝の記述は東南と記しています。この方角の違いは伊都国のみならず、奴国、不彌国など

の有力比定地すべてに及んでいます。

夏至の日の出の方角基準のメリット

はじめに方角問題の検討です。魏使の道案内をした倭国の人はクニの所在地を、倭国の「夏至の日の出基準」で方角や距離を説明したと推測しています。魏使が測量したのでなく、聞いたそのままを倭人伝に記載したのでしょう。

倭人が夏至の日の出基準の方角を採用していた、メリットを考えると次が挙げられます。

①太陽の高さから方角を決めるためには、昼まで待つ必要があるが、日の出基準であれば、船出前に方角を確定できるメリットがある。
②夏至の頃は日が長く航海に適した季節で、魏使もこの時にやって来たと思われる。
③夏至の太陽は、北に上がって戻るタイミングなので、日の出方角の日毎の変動が少ない季節である。前後の1ヶ月、計2ヶ月の間で、太陽の昇る位置は5度以内の変動幅に収まっている。
④季節が異なる場合も、夏至からの日数と日の出の方角のずれ角の値を持っていれば、補正は容易に可能である。

このような利便性から、夏至の日の出基準の方角を用いたと考えます。

偏向値での整合性

夏至の日の出方角62度と90度の差、−28度偏向しているとする

第5章　天照大御神

と、東と呼べる範囲は±22.5して、39.5～84.5度の範囲です。東南は84.5～129.5度の範囲、南は129.5～174.5度の範囲になります。これを図20に示しました。

魏志倭人伝は−28度偏向した東西南北の呼称で、記述したと考え実際と整合するか検証してみました。

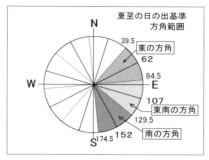

図20　−28度偏向図

「呼子港」の呼子三神社から伊都国比定地中心、糸島市細石神社を結ぶと約90.7度です。この角度は上記、図の東南の範囲に入り、伊都国へ

方角	方角の範囲	出発地	到着地	角度	判定
東	39.5～84.5	岡本（奴国）	宇美町	59.6	○
東南	84.5～129.5	呼子港	細石神社	90.7	○
		細石神社	岡本（奴国）	89.2	○
南	129.5～174.5	宇美町	甘木（邪馬台国）	138.3	○

表6　−28度偏向基準での判定

の方角「東南」の記述と合致します。細石神社から奴国比定地の春日市岡本の方角約89.2度も「東南」の範囲に入ります。以下、宇美町の東、邪馬台国の南も−28度偏向した基準で整合しました。表6の通りです。

一方、唐津市のお城付近に魏使が上陸したとすると、伊都国への角度は約69.8度になり、偏向後の「東」であるから記述と合致しなくなります。

呼子港からがギリギリ東南方角で、これより南での上陸は、方

第1部　国生み

角が東になってしまいます。したがって、魏使の上陸地点は「呼子港」とするのが正解と考えます。

距離の基準

距離の基準は、短里と呼ばれている76.5mを1里と考えています。この短里の基準については、谷本茂が漢書「周髀算経(しゅうひさんけい)」の記述から求めた数値があります。千里は76.3〜76.9kmと導き出しています。

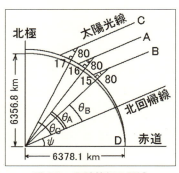

図21　周髀算経の記述

周髀算経は、洛陽の南北2千里の間に80寸の3本の棒（周髀）を立て、夏至の正午の影の長さを測定した値を記述しています。この記録から求めたものです。

図21に示したように、影の長さ（16, 15, 17寸）を直角三角形の高さ、周髀の高さ（80寸）を底辺としたタンジェント角を求めることができます。太陽光線と北回帰線は平行とおけるので、この角度は図に示した、北回帰線と周髀の位置がつくる地球の中心角θと相対角になり一致します。地球を円と仮定すれば、この中心角θA、θB、θCから、北回帰線からの、周髀の位置A、B、Cまでのそれぞれの距離を求めることができます。求めた距離の差A−B、C−Aの値が千里の距離となります。計算は次の通りです。

　　$\theta A = Tan^{-1}（16/80）= 11.3099$、

　　$\theta B = Tan^{-1}（15/80）= 10.6197$

　　$\theta C = Tan^{-1}（17/80）= 11.9969$　いずれも単位は度です。

第5章　天照大御神

北回帰線 23.26 度 + θA（11.3099 度）≒ 34.57 度は、洛陽の A 点の測定された北緯です。当時の洛陽中心を現在の王城付近（北緯 34.67 度）とすると、誤差は 11km ほどで、洛陽で計測したとするのに十分な精度です。

計算結果
　　A ― B 間が　76.70km
　　C ― A 間が　76.35km　平均 76.5km

図 22　短里の基準

そこで平均値の 76.5km を、千里としました。1 里は 76.5m、百里は 7.65km になります。

1 里の 76.5m は人の 1 歩の幅を 76.5cm とした、百歩の距離と思われます。また、この一歩も足の大きさ、25.5cm の 3 幅分と言われています。

谷本茂の計算との違いは、谷本が極半径 R を 6,357km としていて、私は極周長を 40007.88km と置いたことの違いです。

百里の検証

百里の長さを検証する、良い区間がありました。奴国から不彌国まで 100 里の記述があり、ここは 1 本道なので、検証に好都合な行程です。出発地を奴国の中心と思わ

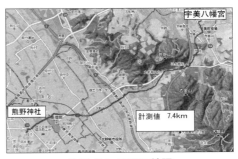

地図 47　百里の検証

第1部　国生み

れる、岡本公園の熊野神社前とし、到着地は宇美町の宇美八幡宮前としました。

　図47のように古い道を選び地図で、距離を測定した結果、7.4kmでした。百里の基準値7.65kmに近い値を得ました。古代の道は曲がりくねっていて、距離はもう少し伸びると思われます。

　多少比定地がずれ距離が伸びても、1里420～540mとされる、長里の基準でないことは確かです。

伊都国500里、奴国100里の検証

　この1里76.5mの基準でもって、伊都国までの500里、奴国までの100里を検証してみました。

　上陸地呼子から、伊都国中心地の細石神社までの距離を、道路最短距離で調べました。結果49km、641里となり、魏志倭人伝の記述500里とは合致しません。呼子から伊都国へは、いろいろな経路が考えられるが、山道を選ぶと、さらに距離は伸びて、65.1km約851里が計測されました。500里の記述には

地図48　伊都国までの距離

地図49　伊都国から奴国へ100里

第5章　天照大御神

どうしても合致しません。

　つぎに細石神社から、日向峠を越えて奴国の中心地とした熊野神社までも測定してみました。結果25.7km、336里となり、魏志倭人伝記述の100里と全く合致しません。
　そこで上陸地の呼子から奴国の熊野神社までの、直線距離を測ると51.4km、672里もあり、魏志倭人伝での奴国までの合計距離が600里なので、どだい一致は無理な話であることが分かります。

魏志倭人伝の行程記述
　表7は魏志倭人伝の行程記述を、分析し易くまとめたもので、ネットから借りています。
　●印と▲印で、距離や日程の記載位置が国名の前後に変化しています。●印のB～Eの伊都国までは、目的の国に行った方法と距離で直接目的地の国を修飾しているように見えます。
　一方、▲印のA, F, H, Iは、目的地の後に、距離または方法あるいは日数を記述しています。目的地に行った方法などを修飾したように見えません。
　また伊都国、奴国、不彌国への距離は余里となっていない里なので、正確な距離に見えます。
　ここに隠れた真実があると考え、試行錯誤の検証を始めました。

「一大率・難升米の読み方と白日別の意味」より

▲	A		水行	乍南乍東	到 狗邪韓國	七千餘里
●	B			度 千餘里	至 對馬国	
●	C	南	渡	千餘里	至 一大國	
●	D		渡	千餘里	至 末盧國	
●	E	東南	陸行	五百里	到 伊都國	
▲	F	東南			至 奴國	百里
	G	東	行		至 不彌國	百里
▲	H	南			至 投馬國	水行二十日
▲	I	南			至 邪馬壹國	水行十日・陸行一月
	J				至 女王國	萬二千餘里

表7　魏志倭人伝の行程記述

第1部　国生み

まず呼子港から伊都国への 500 里、38.25km の位置を探すことにし、道路最短距離で測ると、筑紫深江の深江神社付近となります。
　ここは糸島平野の西端で、伊都国への陸路の入り口にあたります。目的の国の入り口または国境までの距離を示している可能性が見えてきました。

　伊都国から奴国はわずか 100 里としています。そこで伊都国から奴国の入り口、または国境までを検証してみました。

地図 50　伊都国から日向峠越え

　地図 50 は伊都国の中心地、細石神社付近から日向峠を越えて奴国に向かったとして、一つの境界線室見川までの距離を測定しました。10.2km で 133 里の距離です。記述の 100 里に合致するとは言えない違いです。

　奴国に向かうに、もう一つ峠越えの道があることが分かりました。日向峠の南にある飯場峠を越えて早良に出て、那珂川町を経るルートです。この道は山中の道ではあります

地図 51　伊都国から飯場峠越え

が、大きな川を越える必要がありません。昔の道とは違うかも知れませんが、概略は分かると考えて道路距離を測りました。

この飯場峠を越えて奴国に入るところまでが細石神社より6.6km、86里の距離です。当時の山道はまがりくねっていたと思われ、これを考慮すれば100里の記述も近くなり、魏志倭人伝の記述に合致してきます。図の点線はその後、奴国に向かったと思われる経路です。

伊都国までの再検証

上陸地呼子から伊都国への500里も、国境までの距離かも知れません。東松浦郡とされた唐津市と、糸島郡とされた糸島市の境は、現在の県境とあまり変わらないようなので、

地図52　呼子から500里の国境

これで検証することにしました。

地図52のような、松浦川を迂回し、白木峠越えコースで、37.7km、493里を得ました。500里の表現が、国境までの記述である可能性が大きくなります。

しかし、これだと先の奴国から不彌国までは、国の中心から中心までの距離だったので表現方法が整合していません。そこで表7の行程記述を確認すると、不彌国は「東行至不彌国百里」とあって、奴国への表現「東南至奴国百里」に、行の1文字を挿入して区別しているのかも知れません。

第1部　国生み

上陸地から邪馬台国までの距離

　伊都国までの500里、奴国までの100里が国境までの距離と仮定すると、上陸地から不彌国までの里程の記述合計700里は、実際の歩行距離の合計ではないことが見えてきます。

　これまで、帯方郡から女王国まで12,000里の記述があることから、上陸地から不彌国までの合計距離10,700里を差し引いた1,300里を、不彌国から女王国までの残り距離とする説があります。これは誤りであった可能性が見えてきました。

　むしろ、12,000から呼子までの10,000を差し引いた、呼子から女王国まで2,000里の考えが適合していることになります。

　そこで呼子から、これまで見えてきた峠越えの、2,000里で邪馬台国比定地の朝倉までが合致するか検証してみました。おもに山中の経路で、伊都国、奴国、不彌国を経る朝倉市の須川までの道路を仮定してみました。地図53です。

　すると142.8km、1,867里が得られました。古代の道ではもう少し距離が延びると思われて、2,000里の記述と合致すると言え

地図53　魏使上陸地から邪馬台国へ2,000里の道

る値となります。

これまで南の方角は、現在の南と変わらないとする先入観念が問題解決を困難にしてきました。夏至の日の出基準の説は、ネットで見ましたが、しっかりした検証がありませんでした。また倭人が日の出方角の基準を持っていたことが、この後の研究で見えてきています。

方角と距離は解けてきたと思いますが、日程の陸行30日が解けていません。2,000里（153km）の道に30日を要したとすると、1日あたり5.1kmの歩行速度となり、現代の感覚では遅い速度に思われます。魏志倭人伝が記す「草木が茂りさかえ、行くに前の人が見えない」道路状況によるものか、クニグニでの停泊によるものか定かでないので、この先検証の方法が見つかりません。

渡海の千里

地図54は夏至の南北線で結んだ、狗邪韓国から唐津まで結んだ直線です。

狗邪韓国の出港地を直線の先端とすると、到着地は対馬の海神神社の前の浜になります。

77km、1,013里で記述の千里とほぼ一致します。浅茅湾(あそう)は豊玉彦の本拠地で、湾が複雑なことから海神神社前から

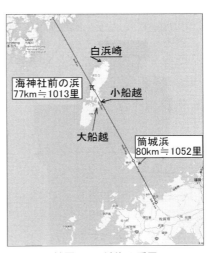

地図54　渡海の千里

第1部　国生み

は水先案内があったと考えます。

　白浜崎は潮流で流された時の、緊急避難先の目印と思われます。対馬の反対に出る山越えが、小船越でこれも直線上にあります。大船越は江戸時代の開削によるもので、小船越が利用されたと考えます。

　小船越から壱岐に進むことになるが、壱岐の原の辻に入る湾は近くの筒城浜と比定しました。ここまでは80kmあり1,052里で、これも記述とほぼ一致します。潮流を考えると、実際の航跡は異なると考えるが、この直線距離をここでは記述していると考えます。

　壱岐から末蘆国へは、方角の記述がないが、距離は1,000里と記しています。上陸比定地、呼子までの距離は、31km、400里余りしかありません。この記述には理由があることが分かりました。

　船はいったん呼子に立ち寄り、魏使を降ろしたのち、伊都国の津に荷を運んでいたことが推測されました。「東南陸行500里到伊都国」と記しているので、魏使が歩いたことは確かです。

　一方「帯方郡から遣使が戻った時や、郡使がやって来たときは、みな伊都国の港で、伝送の文書や賜りものを照合点検した」と記していて、荷を積んだ船は伊都国ま

地図55　壱岐から千里の渡海

174

第5章　天照大御神

で進んでいたことが分かります。呼子の港で郡使は下船し、荷を積んだ船が方向を変え伊都国に進んだため、方角は記述しなかったと思われます。

　船は唐津湾沿いに進み、伊都国と志摩国の間にあったとされる、糸島水道の中央部の志登神社付近に進んだと仮定すると、75km、約1,000里となり記述と一致します。

　もし船が唐津湾沿いに進んだとすれば、陸上を進んだ郡使と連携しながらの水行と思われ、郡使も海岸線を伊都国に進んでいるかも知れません。海岸伝いでも約500里の距離は、国境までの距離になり、このルートも捨てきれません。

国生みのまとめ
1、神々は、伊邪那岐命と伊邪那美命に、「この漂へる国を修め理り固め成せ。」と詔して、二人を天の浮橋から出発させた。この記紀の記述が、日本の歴史の記録の始まりでした。
2、伊邪那岐と伊邪那美の名が、魏志倭人伝に登場する五つのクニ名から、一文字ずつ採った名であることを発見しました。
3、伊邪那美・岐の文字順は、当時のクニの格順になっていて、古事記が記す「別天つ神五柱」の記載順と対応していました。
4、「別天つ五柱」は、魏志倭人伝が記す倭国乱を、収束させる話し合いのメンバーでした。
5、伊都国宗家の男子・伊邪那岐命と奴（那）国王の王女・伊邪那美命を結婚させ、その子から統一倭国王を共立することは、話し合いで決まっていました。その王が、天照大御神（卑弥呼）でした。
6、話し合いは志賀島の志賀海神社で行われたと、推測しました。

第 1 部　国生み

7、志賀島で発見された金印「漢委奴国王」は、神々が二人に埋めさせたものと推理しました。
8、志賀海神社の山誉め祭りで歌われる、「君が代」の君は、伊邪那美命と比定しました。
9、博多湾の小呂島と能古島で指し示す室見川河口が、二人の船の出発地と考えました。
10、伊邪那岐命は瀬戸内海を進み、伊邪那美命は四国の太平洋岸沿いに進み、二人は淡路島東岸にある沼島付近で再会したと考えました。
11、沼島にある上立神岩が、二人の結婚の場「天の御柱」と比定しました。
12、初めて生んだ州とする淡島は、徳島平野の吉野川中流にある、日本最大の中の島、現在の善入寺島と考えました。
13、開拓に失敗した二人は、高天原の神々にアドバイスを受けに戻りました。
14、次に取り組んだのは、淡路島の諭鶴羽川流域でしたが、雨が少なく、ここも不満足な結果でした。
15、淡路島北部で発見された、鍛冶工房跡の五斗長垣内遺跡は、二人がやって来る以前から、東進してきた周辺地域の人達に、鉄農具などを供給するために築かれたものと考えました。
16、瀬戸内海東部に多く見つかる、高地性集落は倭国からやって来る船を迎えるために、待ち受けた場所と考えました。
17、近畿の大きな弥生遺跡付近には、龍（竜）王山が見つかり、これは後の龍王こと豊玉彦命が、国生みの跡地にやって来て国生みの事績を記録したものと考えました。
18、埋められた状態で発見する銅鐸は神武東征時、豊受大神が鏡

を鋳造するため、邑々から拠出させたときに、邑人が隠匿したものと推測しました。

19、淡路島の開拓の次に取り組んだのは、伊与二名州でした。伊予は伊都国の将来を託した意味で、二名とは二人のことと考えました。「愛媛」は伊邪那美命の当時の愛称と推測しました。

20、瀬戸内海東部に多く残る、加茂・賀茂の地名は、福岡平野の戦乱を逃れ人々が、東方に移動した痕跡と考えました。

21、二人は次に善通寺市付近の開拓を経て、先に失敗した吉野川流域の開拓に戻ってきました。

22、神生みは国生みが終わってからのできごとでなく、国生みという名の開拓の中で活躍した人への、尊称を与えたできごとと考えました。

23、建築の神々、自然にまつわる神々、河口の神・山の神などは、このことで、技術や知識の次の世代への伝播が図られたと推測しました。

24、伊邪那美命の死の事故があったのは、熊野の「花の窟」付近で、またこの時伊邪那岐命は猪名川上流にいたことが、二つの竜宮山で記録されていました。

25、事故にあった伊邪那美命を、急ぎ徳島の吉野川上流の宮まで運ぶことになり、その様子が熊野速玉大社の御船祭として残されていることが分かりました。

26、熊野諸手船に稚児像が乗せられることから、須佐之男命が伊邪那美命の事故に遭遇していたと推測しました。

27、伊邪那美命の死の知らせを受け、伊邪那岐命は戻ってくると、迦具土神を斬ってしまうが、その血が流れ走りついた先は、伊邪那美命の殯の場所でした。

第1部　国生み

28、吉野川市山川町の天神社が、殯の行われた場所と推定しました。その付近一帯に、殯を記録したと思われる地名が残されていました。
29、伊邪那美命の遺体は、近くの高越山に葬られたと推測しました。
30、伊邪那岐命は伊邪那美命との最後の別れに、高越山に登るが、遺体の変化に驚き、自分がいつまでも妻を慕う弱虫だったことを悟り、強く生きることを決意しました。
31、殯の地に戻れば弱虫に戻ると考え、反対の阿南に向けて尾根伝いに降りました。
32、木屋平に残る忌部氏直系の屋敷は、伊邪那岐命が降りた尾根道の反対の崖上にあり、この尾根を記録しようとした場所と考えました。
33、泣沢女に追われながら降りた逃避の道には、記紀が記すできごとに由来すると思われる、地名が残ることが分かりました。
34、伊邪那岐命が禊した場所として記される、「橘の小門の阿波岐原」の橘や青木が阿南市にあり、禊の伝承があることが分かりました。
35、禊の際に成ったとされる、天照大御神など三貴子は殯の里から阿南に呼び寄せられた、再会の場面と考えました。
36、伊邪那岐命は弱虫をはねのけ、次の開拓地吉備に進みました。そこで伊邪那美命の陵の地を探しました。
37、日本書記が記す、伊邪那美命を葬ったと記す比婆山は2ヶ所あり、中国山地の比婆山は竜王山や井原市の高越山で、山川町の高越山と結ばれていました。
38、吉備の開拓にめどをつけると、倭国に戻ることとしました。

39、室見川河口の小戸神宮前の浜で禊した後、三貴子を紹介しそれぞれの今後の役割を示しました。

40、天照大御神は高天原を伊都国から、邪馬台国に移しました。その場所は地形から麻底良山が見える、朝倉市須川付近と推理しました。

41、須佐之男命は、母思いの泣き虫に育った結果、父から母の国へ行くよう指示されました。

42、須佐之男命は、天照大御神との別れの挨拶に出向くが突然、生む子供の男女を占う誓約が行われました。跡継ぎのない天照大御神への養子縁組の儀式と考えました。

43、誓約は須佐之男命が勝ちましたが、高天原で暴れたため天照大御神は天の石屋戸に隠れてしまいました。

44、天の石屋戸は洞窟でなく、朝倉市杷木にある高山の麓の志賀神社と比定しました。

45、隠れたところは粗末な柴小屋だったと推測しました。天の石屋戸の表現は、天照大御神の固い心のことで、自主的に小屋を出ていただくための、宴だったと考えました。

46、天照大御神の塚は、麻底良山の山頂と比定しました。豊受大神や神武東征隊が指し示す山を残していました。

47、麻底良山の山頂には、麻底良布神社が残っていますが、戦国時代に山城をつくっていて、神陵は失くなった可能性が高いと思われました。

48、魏志倭人伝の行程記述を、夏至の日の出方角を東とした、－28度偏向した方角基準と、1里76.5mの距離基準で検証した結果、これまでの有力比定地と一致しました。

第2部　出雲の国譲り

出雲大社にある大国主命像

第1章　大蛇（おろち）退治

　須佐之男命は高天原を追われ、出雲にやって来ます。そこで活躍し名を成し、大国主命に国づくりを託します。その間の出雲神話が、どのようなできごとから神話になったのか、現地も訪ね、考えてみたいと思います。

新羅訪問
　須佐之男命は出雲に向かいますが、その前に三人の子、五十猛神（いそたける）、大屋津姫命（おおやつひめの）、枛津姫命（つまつひめの）と共に新羅国へ渡ったと、日本書記は記しています。
　現在地不明の新羅の曽戸茂梨（そしもり）という所に、至りますが「この地には私はいたくない」といって、船を造り戻ってきます。何のために行ったか不明ですが、一書（第五）では、金・銀、杉・槙・樟・桧の記述があるので、鉱物や樹木などの知見を、広めるためだったかも知れません。
　石見の海岸を旅した時、五十猛駅を見つけ驚きました。近くの五十猛漁港には韓神新羅神社があり須佐之男命が祀られていました。五十猛神社なども付近にはあり、新羅から戻った須佐之男命は、家族ともどもこの付近に上陸したと思われます。
　また、五十猛神の陵を父・

写真53　五十猛漁港

須佐之男命と向かった奥出雲の鳥上に見つけました。鬼神神社の裏手の山中でした。

須佐之男命の大蛇退治

　出雲に至った須佐之男命は、「肥の河上、名は鳥髪という地に降りたまひき」と記しています。肥の河は斐伊川、鳥髪は船通山の麓の地名です。向かう途中、川に箸が流れてきたのを見て、河上に人が住むことを知ります。そこで、川を尋ね上ると、老夫婦の足名椎・手名椎が童女を中にして泣いていました。なぜ泣くのか聞くと、
「我が女は、本より八稚女ありしを、この高志の八俣大蛇、年毎に来て喫へり。今そが来べき時なり。故、泣く。」と。
「その目は赤かがちの如くして、身一つに八頭八尾あり。またその身に蘿と檜榲と生ひ、その長は谿八谷峽八尾に渡りて、その腹を見れば、悉に常に血爛れつ。」
　大蛇のものすごいさまを述べます。ここに須佐之男命は「汝等は、八鹽折の酒を醸み、また垣を作り廻し、その垣に八門を作り、門毎に八桟敷を結ひ、その桟敷毎に酒船を置きて、船毎にその八鹽折の酒を盛りて待ちてよ。」と指示します。

　そして、言われるままに準備して待っていると、
「その八俣大蛇、信に言ひしが如く来つ。すなはち船毎に己が頭を垂入れて、その酒を飲みき。ここに飲み酔ひて留まり伏し寝き。
　ここに速須佐之男命、その御佩かせる十拳剣を抜きて、その蛇を切り散りたまひしかば、肥河血に変りて流れき。故、その中の尾を切りたまひし時、御刀の刃欠けき。ここに怪しと思ほして、

183

御刀の前もち手刺し割きて見たまへば、都牟刈の太刀ありき。故、この太刀を取りて、異しき物と思ほして、天照大御神に白し上げたまひき。こは草薙の太刀なり。」

退治した大蛇の尾から出てきた太刀は、天照大御神に届けたと記しています。

八俣大蛇の謎

この大蛇退治の記述の解釈に、「斐伊川の洪水のこと」と考える説と、草薙剣が登場するので出雲国の製鉄を、表現した説がみられます。

個人的には、次の謎を納得できる考えで、理解できないかと思っています。

謎1 おろちとは一体何者なのか。高志（越前）生まれの私としては、是非汚名を雪ぎたいところです。

謎2 何故毎年やって来るのか。遠い高志から何故、娘一人のために毎年、やって来る必要があるのか分かりません。

謎3 須佐之男命が、おろちを退治した方法は？ 斐伊川の洪水のこととするなら、どんな方法で解決したか知りたいものです。

謎4 おろちの尾から何故、刀が出てきたのか？ 大蛇の尾から、太刀が出るはずもないのに、何故、このような表現になったのでしょう。

伝承地を訪ねる

新しい土地、根の国に向かった須佐之男命は、国の地形、大きさを知るために、国の大河の斐伊川を遡ることにしたのでしょう。

調べると大蛇の伝承地は斐伊川の中流域20kmほどに集中し、

第 1 章　大蛇（おろち）退治

目的地の鳥髪に、まだ至っていないことが分かりました。見えてきた、できごとの流れを追って、番号を付し地図 56 にしました。

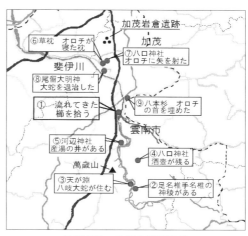

地図 56　八俣大蛇伝承地

箸を拾ったのが事の始まりで、その伝承地は雲南市木次町の斐伊川堤防の脇にある「八俣の大蛇公園」付近です。

大蛇公園にあった案内図に従い、10km ほど上流、足名椎・手名椎伝承が残る温泉神社を訪ねました。温泉は特に関係がなく、足名椎・手名椎は近くの万歳山の麓に住んでいて、そこに須佐之男命がやって来たとのことです。そこで大蛇に食べられそうな奇稲田姫を妻に迎えます。そして大蛇退治を始めます。万歳山にあった神陵の二神岩をこの神社に移したものと分かりました。

写真 54　箸を拾った付近

写真 55　大蛇が棲む淵

第2部　出雲の国譲り

　大蛇が棲むという伝承地は、神社から1kmばかり下った、斐伊川が大きく蛇行するところの「天が淵」でした。
　ここまでくると、「八俣の大蛇」伝承は、製鉄の伝承でなく、斐伊川の洪水を起こす、大蛇退治であることが見えてきます。

洪水からの避難対策

「天が淵」から6kmほど下った、西日登から1.5kmばかり山中に入ったところの八口神社に、大蛇に飲ました酒の壺といわれるものの一つが残ることが分かりました。今は祟りを恐れて埋められているとのことです。
　口経4.5寸（136mm）、深さ5寸（152mm）と表示されていたので意外と小さいことが分かりました。人が飲むのにちょうどよい大きさです。
　なぜこんな山奥でと考えたとき、老夫婦の親子は、洪水で危険な淵から、安全なこの高台に避難させたものと、理解しました。地形的にがけ崩れもない所です。そして、その周辺は田んぼが取り囲んでいる、珍しい地形といえるかも知れません。（写真56）
　大蛇に喰われるかも知れない童女が、何故、奇稲田媛という名の稲作神になったのか不思議でしたが、この周辺の田んぼで須佐之男命から灌漑稲作について、教えられていたことが見えてきます。

写真56　八口神社

　八口神社から4kmほど下った、岸近くに河辺神社があり、産湯の井戸が残されて

第1章　大蛇（おろち）退治

います。奇稲田媛に子が生まれたことから、開拓しながら下流に降りてきたことが推測できます。お酒はすでに飲んだが、大蛇退治はまだです。

洪水対策

箸を拾った大蛇公園を越えて、6kmばかり下ると、お酒を飲んで酔っ払った大蛇が、枕にして寝たという伝承の山、草枕があった場所です。

斐伊川支流の赤川

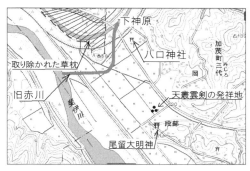

地図57　大蛇を退治した付近

が、この草枕にぶつかって、その南を迂回して流れていたものを、後に地図57の斜線部を取り除いたとのことです。

草枕近くにも八口神社があり、この伝承の草枕に向けて須佐之男命が矢を射た場所と伝わります。ここが、洪水の原因箇所と知って、多くの人々を集め開削工事が行われたのでしょう。

心の対策

ついに大きな洪水の原因が取り除かれ、心配も失くなりました。しかし、足名椎夫婦が、洪水は大蛇がいるからと信じているからには、この大蛇を退治しなければ納得しません。

そこで考えた須佐之男命は、大芝居を打ったのです。まだ明けやらぬ河原に出て、大蛇が寝ているところを襲い、切り散らしたという芝居です。その証拠を示すため、尾を切ったとき刀が欠け

たので、尾を刺し割いてみたところ、太刀が出てきたと人々に見せ、納得させたのでしょう。それで、足名椎夫婦は得心し、安心な生活に戻れたのです。時には大芝居も必要なことでした。

　その太刀が出てきたところ近くに、尾留大明神が祀られていました。碑を読むと、実際の場所はこの北200mほどの畑地とあったので地図47にマークしました。退治した大蛇の首を埋めた場所が、4kmほど上流にありました。再び生き返り、人々に危害を与えないように、その上に杉を植えています。

洪水原因の対策

　こうして見てくると、オロチとは斐伊川に洪水をおこす大蛇で、その姿が洪水時の斐伊川の姿だと分かります。なぜ高志からやって来ると考えたかは分かりませんでした。

　御子の五十猛神は、筑紫からたくさんの樹の種を持って下り、韓地には植えないで、もちかえり国の中に播き増やし、国中を青山にしてしまったと記しています。斐伊川の上流での鉄採取後の製鉄で、禿山となった山に植林し、洪水の原因対策も行っていたことが想像できます。

　毎年やって来るということから、台風ではなく梅雨時の大雨被害と思われます。

　尾から採り出された太刀は、「大蛇の上に常に雲があったので、天の叢雲剣(むらくものつるぎ)」と名付け、天之葺根神を遣わして、天照大御神に献上したと記しています。ここで初めて、雨雲による洪水だと示唆していることが分かります。

天照大御神を助ける須佐之男命

ここで、追われたはずの高天原の天照大御神に、なぜ「天の叢雲剣」を献上したのか謎になります。「天の叢雲剣」は「天の」とつくように、もともと伊都国に伝わる日継ぎの印となる剣だったかも知れません。須佐之男命の名が、

写真 57　須賀の奥宮前

須すなわち天照大御神を助ける、あるいは助けた男の意味であれば、献上した意味も見えてくるように思います。

須賀を経て根の国へ

須佐之男命が、宮の地を探し求めた先は、大蛇を退治したところから東に 14km 程の須賀でした。
「吾此地に来て、我が御心すがすがし。」と詔したと記します。
　訪ねてみると須我神社が残り、その奥宮が該当の地のようです。林道を 2km ほど進んだ八雲山の中腹に大岩が残されていました。
　画像はその谷奥の田圃です。ここでまた開墾を始めたように見えます。

　　八雲立つ　出雲八重垣　妻籠みに
　　　　　八重垣作る　その八重垣を

しばらくは奇稲田媛との幸せな生活を送ったと思われるが、そ

第 2 部　出雲の国譲り

の後、熊成峯（天狗山）に成って、ついに「根の国」に行ったと日本書紀にあります。

熊成峯を熊野にある山とする説もみるが突然、熊野に向かう理由がありません。須佐之男命

地図 58　須佐之男命の移動経路

が進んだ経路を地図に拾うと、韓国から戻り五十猛付近に上陸すると、途中、大蛇退治に年を重ねたが、東にある母の根の国（安来付近）を目指し、ひたすら進んでいることが分かります。（地図 58）

　安来の郷に来て、須佐之男命は『天の壁を立てめぐらせ、……「私の心は安けくなった」』と詔しています。この天の壁が何を指しているかは不明だが、安来の西 8km ほどに黄泉比良坂を設定し、伯方町横屋の比婆山に伊邪那美命の陵を新設したことなどを言っているかも知れません。

第2章　大国主命

　大国主命にはいくつもの名があり、須佐之男命から「大国主神」と「宇都志国玉神」の名をもらう以前は、大穴牟遅神と古事記は記しています。沼河比売求婚や須勢理毘売の嫉妬の記述では八千矛神を使用しています。また播磨風土記では葦原志許乎命の名で登場します。

大穴牟遅神と稲羽の白兎

　大穴牟遅神の兄弟達は、稲羽の八上比売と結婚したい心があり、共に稲羽に向かいました。その道中、兄弟達が先に進み、大穴牟遅神は荷を持たされて、海沿いに後を進んでいたところ、兄弟達にいじめられた白兎に出会います。この白兎を助けた話は、皆さんご存知の古事記にある話です。

　　　鰐の脊に　似たる岩見ゆ　蒲ならぬ
　　　　　　　波の花散る　気多の岬に　　　　　北里　闌

写真58　淤岐の島

　この歌は昭和五年の、宮中歌会始の勅題「海辺の巌」に、国語学者の北里闌が詠んで入選した歌です。
　この歌の鰐から「僕淤岐の島にありて、この地に度らむとすれど、度らむ因無かり

第2部　出雲の国譲り

き。故、海の鰐を欺きて言ひしく、……」という古事記記載の淤岐の島が、白兎海岸に近い岬の沖80mにある「淤岐ノ島」のことと知ったのです。実はこれまで、この淤岐の島を隠岐島と誤解し、100kmも沖から鰐が並び、そこを兎が渡るなどありえないと考えていたのです。ところが80m沖の島ならば何かが見えてくるかも知れません。

　写真58の浜が白兎海岸で、向こう右の島が淤岐ノ島です。左の岬は「気多の前」と呼ばれています。

白うさぎの発見

　偶然、風の強さや向きが良かったのかも知れません。浜に立ってすぐに、写真59のような波が次々と浜に向かっている光景を見つけました。これぞ伝説の白兎と直感しました。白い兎が耳を後ろに倒し、海の上を飛び跳ねる姿にそっくりです。

　当然、陸に上がることはできません。直前で消えてしまいます。「今、地に下りむとせし時、吾云ひしく『汝は我に欺かえつ。』と言ひ竟はる即ち、最端に伏せりし鰐、我を捕へて……」と、白兎は衣服を剥されてしまいます。

　岬の上に立つと、淤岐ノ島と岬の間の海面下に平な岩が、黒々と見えます。（写真60）この岩を鰐と表現していたことが分かります。

　沖からの波は、淤岐ノ島で左右に分かれ、西側の波が淤岐ノ島を回りこみ、鰐と呼

写真59　因幡の白兎

ぶ岩場を越えて東側の波とぶつかる時に生まれる、波の干渉現象と分かりました。波頭が後ろ側に倒されて、兎の耳のように見えたのです。白兎の波は次々やって来るので、鰐の数との競争では負けません。

写真60　鰐の岩群れ

白兎物語と自然現象を比較

　この白兎の波頭現象を「稲羽の白兎」物語に、どのように取り入れたかを検討してみます。

　白兎が八十神にいじめられ、泣いているところへ、大国主神がやって来て「なぜ泣いているのか」と聞きます。

1)「僕は、淤岐ノ島にいました。こちらへ渡ろうとしたが、渡る方法がありませんでした」

　白兎がどうして、淤岐ノ島に行けたかは述べず、戻る方法がないと話したところから、物語を起こしています。波は沖から浜への、一方通行であるため、このような話始めにしたのでしょう。

2) そこで、鰐を欺いて言いました。「私とあなた達との一族を比べて、どちらの一族が多いか数えてみよう」

　白兎が「鰐に似たる岩」に一族の多さの競争を、持ちかけています。波の白兎は次々と生まれるので、岩数に勝つことは自明です。物語の作者は、岩と白兎の両方を見て、数の競争にしたてたことが分かります。

3)「あなたは、できる限り一族を集めて、この島から気多ノ前

まで、並んで渡れるようにしてほしい」

白兎は鰐に向かって、一族を集めて島から岬まで並ぶように言った物語としています。作者は岩群れが、島から岬まで続いていることを知っていてこの表現にしたのでしょう。

4)「欺かれた鰐が並んだとき、私はその上を踏みながら数を数え、走って渡りました」

白兎は鰐の脊を踏み、走りながら鰐の数を数えることにしました。ちょうど白兎の波頭が海面下にある、岩群れの上で起きている現象で、白兎が岩の上を走っているように見えることも踏まえての物語構成にしています。

5)「今にも地に下りようとした時、私は言いました。『あなたは私に欺かれたの』と言い終わるや否や、最端の鰐が私を捕えて、すっかり毛を剥ぎ取ってしまいました」

白兎の波頭は岸に近付けば、形がくずれてしまうことを、このような表現にしたことが分かります。

大穴牟遅神は、たまたまこの現象を見つけ村人に、おもしろく話したのかも知れません。あるいはこの現象を知る村人が考えた物語かも知れません。いずれにしても1800年もの昔に見つけた現象が、今も見ることができたことに感動しました。

八十神の迫害

八上比売は、大穴牟遅神の人柄を信じて結婚します。

「八十神(やそがみ)怒りて、大穴牟遅神を殺さむと共に議りて、伯伎国の手間の山本に至りて云ひしく、『赤き猪この山にあり。故、われ共に追ひ下しなば、汝待ち取れ。もし待ち取らずは、必ず汝を殺さ

む。』と云ひて、火をもちて猪に似たる大石を焼きて、転ばし落しき。」

そして大穴牟遅神は、石に焼かれて死んだと記しています。

写真61　赤猪岩神社付近

この伝承が残るのは、鳥取県南部町です。訪ねてみると焼いて落とされた大石と伝わる石が二ケ所にありました。写真61の右の山は、赤猪岩神社の大岩が落とされた山です。ここの大岩は「厄の元凶」として、境内裏手に埋められて封印されていました。雨の中、やって来て説明してくださった宮司の奥様の話では、付近一帯は赤土であることが分かりました。

さらに、この神社の山の反対の集落に、大穴牟遅神を手当てしたときの井戸、「清水井」があるというので訪ねました。(写真62)

ここでの説明板では、全身大やけどした大穴牟遅神は、二人の比売が介抱して奇跡的に全治したと、記していました。そしてもう一つの大岩は、この清水井から600mほど山中に入った先にあるとのことで、山中に入ることとしました。

写真63の中央やや右下の大きな石です。この大きな石

写真62　清水井

第2部　出雲の国譲り

では簡単に熱く焼くことはできません。やはり赤土を跳ねながら落ちたのでそのような表現になったと思います。この大石を落とすことも大変ですが、待ち取るなぞとてもできません。そして死んだ人が生き返ったという表現も、気を失った事故と推測しました。

写真63　赤猪岩

　ところで、谷に入る道を聞いたお宅の奥さまに、「気を失ったのでは？」と余計なことを話してしまうと、「いや、死んだのです」と強く返されました。伝承を否定するのはあまり良くないことです。
　まだ謎があります。介抱した二人の比売、きさ貝比売と蛤貝比売(うむぎ)は、大穴牟遅神の母親が高天原に参上って、神産巣日之命にお願いして、派遣された比売と記しています。しかし、「母親が高天原に参上って」とは、応急処置しなければならない中での、対応ではないように思えます。神産巣日神が根の国と思われるここへ、それも近くにやって来て住んでいたように思います。
　神産巣日神にとって、須佐之男命は孫にあたるので、その子大穴牟遅神を神産巣日神が支援していた、としても不思議ではありません。

2柱の神の御子達の派遣先

　須佐之男命と神産巣日神の御子達は、国づくりのため出雲の各

第 2 章　大国主命

地に派遣されていたことが、出雲風土記の記載から分かります。述べた一言や名前から地名の由来となっています。表 8 は風土記に登場する御子達です。

表 8　出雲風土記に登場する須佐之男命と、神産巣日神の御子達

親神	御子神	由来地名	現在の所在地名
須佐之男命	青幡佐久佐日古命	大草の郷	松江市大草町
	都留支日子	山口の郷	松江市川津町
	国忍別命	方結の郷	松江市美保関町片江
	磐坂日子命	恵雲の郷	松江市秋鹿町
	衝桙等与留比古命	多太の郷	松江市秋鹿町
	八野若日女命	八野の郷	出雲市矢野町
	和加須世理比売命	滑狭の郷	出雲市神西
神産巣日神	支佐加比売命	加賀の郷	出雲市島根町加賀
	八尋鉾長依日子命	生馬の郷	松江市生馬
	宇武加比売命	法吉の郷	松江市法吉町
	天津枳比佐可美高日子命	漆沼の郷	斐伊川村直江
	綾門日女命	宇賀の郷	出雲市奥宇賀町
	眞玉著玉の邑日女命	朝山の郷	出雲市朝山町

　派遣された郷を地図 59 に拾ってみました。

　この分布を見ると、派遣元と思われる須佐之男命が住む、根の国（安来付近）にはなく、島根半島や出雲、雲南方面に派遣されたことが分かります。

地図 59　御子達の派遣先

大穴牟遅神の兄弟神を八十神と記しているので、八十には御子神達が含まれていると考えます。また瀕死の大穴牟遅神が蘇った、赤猪岩神社と安来は10kmほどの距離にあり、偶然、神産巣日神が近くにいたとしても、不思議でないことが分かります。

八十神との戦い
　死の淵から戻った大穴牟遅神は、またも八十神に迫害されます。もはや結婚相手の恨みでなく、誰が上に立つかの戦いとなっていきます。
　御祖(みおや)の神、その子に告げて言ひしく「汝、此間にあらば、遂に八十神のために滅ぼさえなむ。」といひて、すなはち木国の大屋毘古神の御所に違へ遣りき。
　大穴牟遅神の親は心配し、木国の大屋毘古神の元へ逃がしたとしています。そこへまた、八十神は追ってきます。この木国を「紀の国（和歌山県）」とする説がありますが、紀の国まで逃げれば、この戦いはすでに負けています。この木国は、雲南市方面のことと思われます。
　出雲風土記は、この雲南地方の地名由来を大穴牟遅神の、戦いと関連して名づけた地名を記載しています。次の記述です。

●**神原の郷**（雲南市加茂町神原）
　天の下造らしし大神の御財を積み置き給ひし処なり、則ち、神財の郷と謂ふべきを、今の人、……
●**屋代の郷**（雲南市大東町西北部）
　天の下造らしし大神の、あむづち立て射たまひし処なり。故、

矢代といふ。

●屋浦の郷（雲南市大東町西北部）

天の下造らしし大神、矢を殖てしめて給ひし処なり。

●木次の郷（雲南市木次町から日登）

天の下造らしし大神の命、詔たまひしく、「八十神は青垣山の裏に置かじ」と詔りたまひて……

地図60　八十神との戦場

●城名樋山（雲南市木次町里方北方の山）

天の下造らしし大神、大穴持命、八十神を伐たむとして城を造りましき。

根の国訪問

戦いは決着しないまま、大屋毘古神の「須佐之男命の坐します根の堅洲国に参向ふべし」のアドバイスで根の国へ向かいます。

ここで、大屋毘古神は国生みの中で、家屋の神として登場した神です。伊邪那美命の死後、阿波から出雲にやって来ていたと考えます。神の称号を得たほどの人物なれば、出雲の国づくりへの見識も高く、人々から信頼されていたのではないでしょうか。

須佐之男命を訪ねた大穴牟遅神は、偶然、須佐之男命の娘・須勢理毘売と、先に出会ったことが良い結果になりました。須勢理毘売は大穴牟遅神に一目ぼれし恋仲となってしまったのです。須

第2部　出雲の国譲り

佐之男命は大穴牟遅神を「葦原色許男と謂ふぞ」とけなし、蛇の部屋に寝かしたり、ムカデと蜂の部屋にも泊めたりしますが、須勢理毘売の教えを守ることで難局を脱します。
写真64の唐王神社は、鳥取県大山町にあり、須勢理毘売を祀り、毒虫、マムシよけの神としてあがめられています。

写真64　唐王神社

　須佐之男命は、さらに試練を与えます。鏑矢を野に放ち採らせる中、火を放ちました。大穴牟遅神が、ネズミの穴に落ちている間に火は焼過ぎ、ネズミが鏑矢を届けてくれました。焼け死んだと思っていた大穴牟遅神が戻ってきて須佐之男命、須勢理毘売は驚きます。
　次は須佐之男命の大室で、頭のシラミを採らせることになります。シラミは実はムカデで、須勢理毘売の教えのままにムカデを喰い破って吐き出すよう演技して、須佐之男命の信頼を得ました。
　結局、須佐之男命が安心して寝ている間に、二人は須佐之男命の太刀などを持って逃げ出します。目を覚ました須佐之男命は、黄泉比良坂まで追ってきて、遙か先の大穴牟遅神を呼び言いました。

「その汝が持てる生太刀(いくたち)・生弓矢をもちて、汝が庶(まま)兄弟をば、坂の御尾に追い伏せ、また河の瀬に追い撥ひて、おれ大国主神とな

り、また宇都志国玉神となりて、その我が女須勢理毘売を嫡妻として、宇迦の山の山本に、底つ石根に宮柱ふとしり、高天の原に氷椽たかしりて居れ。この奴。」

　宇都志国玉神の名を与えたのは、須佐之男命自身が伊都国の志を持った国を、ここ出雲につくろうとしていたことで、それを大国主に託したものと考えます。

八上比売

　ついに、大国主の名をもらい出雲国の主となったのです。戦いの決着もつけ、因幡より八上比売も呼び寄せられました。八上比売に子が生まれると、正妻須勢理毘売を畏れ生んだ子を木の俣に置いて帰ってしまったと古事記は記

写真65　阿陀萱神社

します。その伝承の地は、出雲市斐川町の御井神社です。これでは、子捨てそのものです。子捨てまでして帰ることがあるだろうかという疑問が生まれます。

　すると、この事件は八上比売が、因幡に帰る途次のできごととして、米子市の阿陀萱神社にも残っていました。掲示によれば、生まれた子は多岐喜姫で、因幡に帰る途中、榎原郷橋本邑の榎の俣に指を挟まれ、ここに留まったとのことです。橋本は神社のある場所です。

　阿陀萱神社の伝承のほうが具体的で、古事記は御井神社の伝承のみから記述したように思います。

第2部　出雲の国譲り

荒神谷遺跡と加茂岩倉遺跡

　古事記ではこの後、大国主命を八千矛神と記しています。八十神との戦いに多くの矛を準備したのでしょう。前記の八上比売の伝承地、御井神社からわずか2kmほどの荒神谷遺跡では358本の銅剣と16本の銅矛などが見つかっています。矛の種類が中広形14本と中細形2本の内容からして、西暦100～200年代のものと思われています。また荒神谷遺跡から東南約3.4km、山を越したところに39口の、銅鐸が見つかった加茂岩倉遺跡があります。

　この沢山の銅剣や銅鐸の埋納理由が、大国主の国譲りとの関係で注目されています。ある説では国譲りの際、力競べに負け諏訪に逃げた建御名方神が、再起のために秘かに隠したものとの説を見ました。
　銅剣のみの隠匿ならば、理解できそうな説ですが、武器でない銅鐸隠匿の理由が合理的ではありません。ここは全国で見つかる銅鐸と同じ理由による隠匿と考えます。銅剣と銅鐸の共通点は、材料が銅であることです。
　私見では神武東征途次に各地で、銅鏡を鋳造していて、その材料として銅の供出令が出されたと考えます。鏡は祭祀に関係する物なので、出雲にやって来た豊受大神から出された令かも知れません。村で永く使ってきた銅鐸を供出することは忍びず、隠匿したものと考えます。他所で見つかる理由と同じです。出雲では銅剣にも思い入れがあり、これも隠匿したのでしょう。

第2章　大国主命

大国主の国づくり方法

　八十神に勝利した後の、大国主の国づくりの方法に注目しますが、邇邇藝命が南九州に投馬国を建国した方法とは、明らかに違うように思います。邇邇藝命は多くのスタッフと新しい国の入口、高千穂町では種もみを播いた、伝承を残しています。灌漑稲作の普及が国づくりの中心と思われました。

　古事記は、「この八千矛神、高志国の沼河比売を婚はむとして、幸行でましし時……」と、遠く高志国まで比売を得ようと出かけています。沼河比売伝承が残る、現在の糸魚川付近へ行ったと思われます。この地で産出する勾玉の原材料のヒスイが目的であることはすぐに分かります。血縁関係を強化し、二人の間の子をもってこの地を、支配しようとするものと見えてきます。

　大国主命は当時の有力者の娘と結婚し血縁関係を深める作戦のように思えます。①須佐之男命の娘・須勢理毘売、②神産巣日神の娘・眞玉著玉之邑日女命（またまつくたまのむらひめの）、③天照大御神の子・多紀理毘売命と結婚した記述があります。宗像の奥津宮に派遣されている、多紀理毘売命が用もなく出雲にやって来ることはないので、倭国に出向き天照大御神の許しを得た上でのことと思います。迦毛大御神と呼ばれる阿遅鉏高日子根神（あぢすきたかひこね）は、二人の間に生まれた神です。

　このように多くの女性との関係に、須勢理毘売が嫉妬し、馬で倭国に出かけようとした八千矛神を引きとめる掛け合いを、「神語（かむがたり）」として、古事記は記しています。ここで注目したのは馬で向かおうとした「倭国」です。これを奈良の大和国とする解説が多いが、国譲り前のこの時、神武東征は始まっておらず、奈良に倭国はありませんでした。

　北部九州の倭国に向かったと考えます。須佐之男命の跡を継い

第2部　出雲の国譲り

で出雲の国主となったのであれば、倭国の都・邪馬台国に出向き叔母にあたる天照大御神に挨拶することは、自然な成り行きです。出雲にやって来ていた神産巣日神も、当然アドバイスしたものと思います。

少名毘古那神との協働

　大国主神が美保にいたとき、小舟でやって来た神がいました。神産巣日神の御子で、少名毘古那神であることが分かり、二人は協働で国づくりを進めることになります。二人は心を一つにして天下をつくられたと紹介しています。病気治療の方法や鳥獣・昆虫の防除など、今にいたるまでその恵みを受けていると記しています。

　風土記に、二人の国づくりの一端が登場するので挙げてみます。

表９　大国主神と少名毘古那神が、同時に登場する記述

播磨国風土記 埴岡の里 兵庫県市川町北部	昔、大汝命と少比古尼命と相争ひて、のりたまひしく、「埴の荷を担ひて遠く行くと、屎下らずして遠く行くと、この二つの事、何れか能く爲む」とのりたまひき。
播磨国風土記 稲種山 姫路市打越付近	大汝命と少日子根命と二柱の神、神前の郡埴岡の里の生野の岑に在して、此の山を望みて、のりたまひしく。「彼の山は、稲種を置くべし」とのりたまひて、……
伊予国風土記逸文 湯の郡 松山市道後	大穴持命、見て悔い恥じて、宿奈毘古那命を活かさましく欲して、大分の速水の湯を、下樋より持ち度り来て、宿奈比古那命を漬し浴ししかば、……」

　播磨国と伊予国風土記逸文に登場します。伊予の道後の湯は、大分の湯を地下に樋を通して、持ってきたと壮大に記していま

す。九州から四国そして播磨と、各地を巡っていたことが分かります。

　愛媛県大洲市には、少名毘古那神（少彦名命）が肱川を渡ろうとして、溺れて亡くなった伝承が残ります。

第3章　播磨国風土記

国生みの空白地、播磨国

　地図30のように、播磨には龍（竜）王山がないことから、国生みの空白地だったと思われます。そこへ、様々な人々がやって来て葛藤が生まれます。

　播磨国風土記の記載では、伊予や讃岐からの移住者、筑紫の国の火君等が祖、百済からの帰化人等が見えます。出雲からは、阿遅須伎高日古尼命の名が見えます。

火明命の葛藤

　特筆したいのは火明命のことです。火明命は高千穂峰に天孫降臨した邇邇藝命の兄とされています。天孫降臨に先立ち、父の天忍穂耳命とともに葦原中国に天子降臨したが、「あの国はまだ平定されていない。使えない気の進まぬ平でない国のようだ」といって、父の天忍穂耳命は火明命を残して、高天原に帰ってしまったのです。

「丹後風土記残欠」の記述から、その後、火明命は大国主命の娘と結婚し、大国主命の許しを得て舞鶴東部の志楽に落ちついたところまで判明していました。火明命も血縁関係を深める、葦原中国の統治作戦を採ったのでしょう。

　父が果たせなかった、葦原中国の統治を自分が果たしたい思いは強かったと思います。それが播磨国風土記の記述に読み取れて驚かされます。次のように記しています。

昔、大汝命(おおなむちの)のみ子、火明命、心行(こころしわざ)甚強し。ここを以ちて、父の神患(うれ)へまして、遁れ棄てむと欲しましき。乃ち因達(いだて)の神山に至り、其の子を遣りて水を汲ましめ、未だ還らぬ以前に、即て発船して遁れ去りたまひき。ここに、火明命、水を汲み還り来て、船の発(い)で去くを見て、即ち大きに怒る。依りて波風起こして、其の船に追い迫まりき。ここに父の神の船、進み行くこと能はずして、遂に打ち破られき。

　火明命が強情で行いが荒々しいため、大国主命は火明命を残して船出したが、うまく逃げきれなかったと記しています。火明命の強情で荒々しい行いに、高天原の思いを果たせない、鬱うつとした心が読み取れます。

播磨国風土記の中の、大国主命と伊和大神、天日槍

　播磨国風土記には、葦原志許乎命（大国主命）の記述と、大国主命と同人物説のある、伊和大神の記述が多くあります。この同一人物説は、大国主神と同様、伊和大神にも宗像の大神、奥津嶋比売命の間に御子をもうけて播磨にやって来ていた、記述があるからです。

　もう一つ大きな謎があります。垂仁天皇３年、新羅の王の子、天日槍(あめのひほこ)がやって来て天皇の許しを得て、播磨国から但馬に移り住んだと日本書記が記しています。

　垂仁天皇時代と全く異なる時代の、葦原志許乎命、伊和大神がその天日槍と争った記述がある不思議です。

第2部　出雲の国譲り

表10　播磨の、葦原志許乎命（大国主命）の記述（1）

①～⑥は天日槍命が、含まれた記述です。

①	粒丘 たつの市揖保町中臣付近	天日槍命、韓国より渡り来て、宇頭の川底に到りて、宿処を葦原志許乎命に乞はししく「汝は国主たり。吾が宿らむ処を得まく欲ふ」とのりたまひき。即、海中を許しましき。
②	伊奈加川 所在地不明	葦原志許乎命、天日槍命と国占めましし時、嘶く馬ありて此の川に遇へりき。
③	御方の里 宍粟市波賀町上野付近	葦原志許乎命、天日槍命と、黒土の志爾嵩に到りまし、各、黒葛三條を以ちて、足に着けて投げたまひき。その時、葦原志許乎命の黒葛は一條は但馬の気多の郡に落ち、一條は夜父の郡に落ち、……
④	奪谷 所在地不明	葦原志許乎命と天日槍命と二はしらの神、此の谷を相奪ひたまひき。故、奪谷といふ。
	宇波良 宍粟市山崎町宇原付近	葦原志許乎命、国占めましし時、勅りたまひしく。「此の地は小狭くて室の戸の如し」とのりたまひき。
	下鴨の里 加西市牛居町付近	昔、大汝命、碓を造りて稲つきし処は、碓居谷と号づけ、箕置きし処は、箕谷と名づけ、酒屋を造りし処は酒屋谷と名づく。
	飯盛嵩 加西市豊倉町	大汝命の御飯を、此の嵩に盛き。
⑤	波加の村 宍粟市波賀町安賀付近	国占めましし時、天日槍命、先に此処に到り、伊和の大神、後に到りましき。ここに、大神大きに怪しみて、のりたまひしく、「度らざるに先に到りしかも」とのりたまひき。
⑥	粳岡 加西市網引付近糖塚山	伊和の大神と天日槍命の二はしらの神、各、軍を発して相戦いましき。その時、大神の軍、集ひて稲つきき。その粳集まりて丘となる。
	伊和の里 姫路市手柄山から西南地域	積幡の郡の伊和君等が族、到来たりて此に居りき。

208

	阿豆の村	伊和の大神、巡り行でましし時、其の心の中の熱きに苦しみて、衣の紐を控き絶ちたまひき。
	所在地不明	
	宍禾	伊和の大神、国作り堅め了へましし以後、山川谷尾を堺ひに、巡り行でましし時、大きなる鹿、己が舌を出して、矢田の村に遇へりき。
	兵庫県宍粟郡	
	香山の里	伊和の大神、国占めましし時、鹿来て山の岑に立ちき。山の岑、是も亦墓に似たり。
	たつの市新宮町香山	
	林田の里	伊和の大神、国占めましし時、御志を此処に植えたまふに、遂に楡の樹生ひき。
	姫路市林田町	
	伊加麻川	大神、国占めましし時、烏賊、此の川に在りき。
	宍粟市山崎町五十波付近	
	伊勢野	山の岑に在す神は、伊和の大神の御子、伊勢津比古命、伊勢津比売命なり。此れより以後、家々静安くして、遂に里を成すことを得たり。
	姫路市林田町下伊勢付近	
	美奈志川	伊和の大神の御子、石龍比古命と妹石龍比売命と二はしらの神、川の水を相競ひましき。兄の神は北の方越部の村に流さまく浴し、妹の神は……
	たつの市中垣内付近	
	讃容	大神妹妋二柱、各、競ひて国占めましし時、妹玉津日女命、生ける鹿を捕り伏せて、其の腹を割きて、其の血に稲種きき。
	兵庫県佐用町	
	英賀の里	伊和の大神の御子、阿賀比古・阿賀比売二はしらの神、此処に坐す。
	姫路市飾磨区英賀	
	阿和賀山	伊和の大神の妹、阿和加比売命、此の山に在す。
	所在地不明	
	雲箇の里	大神の妻、許乃波奈佐久夜比売命、其の形、美麗しかりき。
	宍粟市波賀町有賀付近	
	袁布山	宗像の大神、奥津嶋比売命、伊和の大神のみ子を任みまして。此の山に来たりて、のりたまひしく、「我が産むべき時をふ」とのりたまひき。
	加古川流域地	

第2部　出雲の国譲り

　表10の大国主命と伊和大神の伝承地を、地図にプロットしてみました。（地図61）二人が同一人物なら、伝承地域の違いによる、名づけの違いと考えたのですが、二人の伝承地は重なっています。

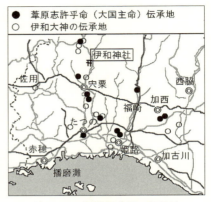

地図61　播磨風土記の伝承地

　二人は別人と思われます。また二人は同じ、天日槍に会っているので、年代の近い間柄です。

　大国主命は統一した播磨の国を、伊和大神に後を託したものと考えます。大国主神の子の一人かも知れません。

　表10の伊勢野の項で、伊和大神の御子と記述している、伊勢津比古命、伊勢津比売命は後に、三重の伊勢で神武東征隊と戦うことになります。大国主命の国譲りの後、三重に移っていたのでしょう。神武が宇陀にやって来たとき、伊勢の言向けに向かった天日別命と戦いになりました。結果、戦いに負けて船で信濃国に逃げたと、伊勢国風土記逸文は記します。諏訪の建御名方神を頼ったのでしょう。

　ここまでの須佐之男命の系譜と、天照大御神の系譜を対比して図23にしてみました。神武は伊勢津彦より1世代、後になるが東征時に遭遇していても、おかしくないことが分かります。ただし、ここでは神武と鵜茅草葺不合命は、異母兄弟と想定しています。

210

第3章　播磨国風土記

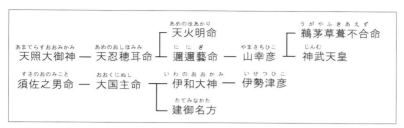

図23　倭国と出雲国の系譜の対比

天日槍の謎

表10に①〜⑥の番号を付けたように、播磨国風土記には、天日槍の伝承が多く記されています。

天日槍について記紀は、「手前は新羅の国の王の子です。日本の国に聖王がおられると聞いて、自分の国を弟の知古に授けてやって来ました」と述べたと記しています。自分から名乗った証言が、真実かどうか分かりませんが、この天日槍の末裔に新羅出兵を行った、仲哀天皇の后・神功皇后がいることから、検討をおろそかにすることはできません。

上記風土記にある天日槍に関する、多くの伝承を創作することは困難です。表現の誤りがあったとしても、大いに参考となります。天日槍の研究は多くなされているので、次の謎を主に検討してみます。

謎1　天日槍の名が、日本式の名であることです。「天」は、海人族の「天津神」のみに用いられものなので、なぜ新羅からやって来た王が天を名乗っているのか理由が分かりません。

謎2　天日槍は、なぜ播磨にやって来たのか？　当時は未開の土地は各地に多くあったと推測できるが、播磨にやって来た理由

211

は、特になかったのでしょうか。

　新羅は朝鮮半島の東南部に、紀元356－935年、高麗に降伏するまであった国とされています。ところが、さらに伝説の前史があったようで、大国主の国譲りがあったと思われる3世紀前半には、斯蘆国（しろこく）と呼ばれていて、この斯蘆国が発展して新羅国になったと見られています。このことから、天日槍が実在しなかった時代の新羅からやって来たと考え、否定してしまうことはできません。

天日槍の名の正体

　まず、名前の天日槍（古事記では天之日矛）ですが、新羅ではこの名ではなかったと考えます。倭国にやって来たとき、自分からこのように名乗ったか、誰かにもらった名前なのでしょう。そしてこの名前の中に、これから倭国で生きる目標・目的が示されているように思います。

　播磨国風土記の中で、「天日槍命、軍、八千ひとありき」と記していて、一人ではなく多くの人を連れてきていたことが分かります。朝鮮半島で力のあった人であることは間違いありません。

　朝鮮半島から、船の無寄港で、瀬戸内海の播磨国に到ることはできないので、対馬、壱岐と島伝いに海を渡り、倭国の一大率がいる伊都国に立ち寄った、ことが想像できます。筑前国風土記逸文の怡土郡（いと）の項に、「高麗の国の意呂山に、天より降り来し日桙の苗裔（すえ）、五十跡手（いとて）是なり」の一文があります。私、五十跡手は、天よりやって来た日槍の末裔です、と名乗っているのです。天すなわち伊都国と関係が深いと思われます。

　名前の頭の二文字「天日」は、天照大御神または日嗣の御子の

天忍穂耳命、天火明命、邇邇藝命達を表しています。「槍（矛）」は武器で戦いを意味しますが、ここでは天日との闘いではなく、天日を守る戦いと考えます。天日槍は、出雲の国譲り交渉の中の一環として、出雲の外堀（周辺国）を埋める作戦の一つだったかも知れません。

豊前国風土記逸文にも消息の記述があります。「昔者、新羅の国の神、自ら度り到来て、此の河原に住みき。名づけて鹿春の神といふ。」

この新羅から渡ってきた神こそ天日槍と考えます。このように。しばらくは、福岡県香春町付近に駐留していたが、後に播磨国移動の命が下されたのでしょう。

天日槍の戦い

大国主命は、播磨国に現れた新羅の人々を率いる将の名が、天日槍と聞いて、すぐにその意味を知ったことでしょう。一旦は、海上に留まることを許したが、次第に内陸の戦いに進展します。大国主の後を継いだ、伊和大神とは軍と軍の戦いに発展しました。この戦いの結果が記されていませんが、伊和大神は破れ、子の伊勢津彦は伊勢に逃れることになったと考えます。結局、天日槍は丹波の出石(いずし)に定着することになったが、播磨国風土記では出石を「伊都志」、伊都国の志と記しています。

天日槍が新羅を出るときには、新しい国つくりの夢を秘めていたかも知れませんが、その後の歴史の展開は予想もしなかったと考えます。

4代後の田道間守(たじまもり)は垂仁天皇に仕え、天皇から常世国に派遣さ

第 2 部　出雲の国譲り

れます。しかし橘を手に帰還した時には、垂仁天皇が亡くなられた後で、天皇の陵の前で殉死した逸話が残ります。このことが家の名を挙げ、また数代を経て息長帯比売（神功皇后）が仲哀天皇の后となって、倭国の国づくりに貢献する歴史をたどったのです。

国譲りの実年代

図24は倭国創生期の、卑弥呼共立から神武東征後の神武即位までの、実年代をシミュレーションしたものです。天照大御神と弟の須佐之男命の両後裔の、神武と伊須気余理比売が結婚しているので、世代交代による年代を模擬しやすい利点があり、行っています。

天孫降臨はかなり早く221年頃に始まり、国譲りが完了したのは、大国主の子、事代主神が国譲りを了解できる年齢の16歳、256年頃と考えました。天日槍が播磨にやって来たのは、大国主命が須勢理比売と結婚したのち、播磨国進出を果たした後と思われるので、神武天皇誕生、卑弥呼の死があった250年後と考えます。

第3章　播磨国風土記

図24　国譲り実年代のシミュレーション

	卑弥呼の共立	誓約	天の岩屋隠れ	邇邇芸命の誕生	天孫降臨	須勢理毘売の誕生	山幸彦の誕生	大国主命の結婚	事代主命誕生	鵜茅草葺不合命誕生	神武天皇誕生	卑弥呼の死	国譲り	神武の后の誕生	最後の遣使	神武東征出発	神武東征終了	神武結婚	神武即位
神武天皇											0	3	11	15	20	25	30	31	32
鵜茅草葺不合命										0	4	7	15	19					
豊受大神												11	19	23	28	33	38	39	40
山幸彦							0	13	15	16	20	23	31		45				
邇邇芸命	13			0	12	13	16	29	31	32	36	39	47						
忍穂耳命			14	18	30	31	34	47	55	56	60	63							
天照大御神	13	19	20	24	36	37	40	53											
須佐之男命	11	17	18	22	34	35		51	18										
須勢理毘売						0		16					38						
大国主命								20	22				16	20					
事代主命									0					0					
伊須気余理比売又は五十鈴媛命															0			16	
西暦	198	204	205	209	221	222	225	238	240	241	245	248	256	260	265	270	275	276	277

□ 内の値は想定年齢、西暦の太字は魏志倭人伝から導いた西暦です。

第4章　出雲の国譲り

　天照大御神は、天降り先の葦原中国から戻ってきた天忍穂耳命の報告を聞きました。その話の内容から見えたのは、須佐之男命の子達が鉄武器の力を得て、群雄割拠となった戦乱の世の中でした。そのような世になる前に、天照大御神は正統で覆らない、王の国をつくる決意をしました。
　大国主命は、弟である須佐之男命の娘婿です。ここで国譲りを求めることができるのは、天照大御神しかいません。そして、大国主命と自分が健在な、この瞬間に動かなければ時を逸するのです。

天菩比神
　出雲へ国譲り交渉に、初めてやって来たのは、天菩比神(あめのほひ)でした。天照大御神と須佐之男命が誓約した際に生まれた、5人の男子のうちの2番目の男子です。1番に生まれた天忍穂耳命は天子降臨したが結局、天火明命を残して帰ってしまったので、次に遣わされたのです。出雲国風土記に、次のような関連の記述があります。

「屋代の郷」……天乃夫比命の御伴に天降り来ましし伊支等が遠つ神、天津子命詔りたまひしく、「吾が静まり坐さむと志ふ社(おも)」と詔りたまひき。故、社といふ。

　この屋代の郷は安来市の島田付近とされているので、天菩比神は須佐之男命の「根の国」に、やって来たことが分かります。そ

の後の結果について、古事記は「大国主神に媚び附きて、三年に至るまで復奏せざりき。」と記しています。

そこで日本書紀は、天穂日命の子・武三熊之大人を派遣したが、これもまた父におもねて戻らなかったとなっています。

ところが、「出雲国造神賀詞(かみよごと)」という、後の新任の出雲国造が天皇に挨拶する賀詞では、「一旦、天菩比神は高天原に戻り荒ぶる国があるけれど、鎮めるといって子供の天夷鳥命(あめのひなとりの)(武三熊之大人)に布都怒志命を副えて、出雲に天降らし大国主命を媚鎮めた。」という内容になっています。高天原と後の国造との見方の違いがあります。出雲国造は天菩比神の末裔ですので、当然かも知れません。

天夷鳥命の副として登場する布都怒志命は、日本書紀では、後に大国主に直談判する経津主神と武甕槌神の二人神として登場します。

表11　風土記の中の、布都努志命

山国の郷 安来市大塚町付近	布都努志命の国廻りましし時、ここに来まして詔りたまひしく、「是の土は止まなくに見まく欲し」と詔りたまひき。故、山国といふ。
楯縫の郷 平田市付近	布都努志命の天の石楯を縫ひ置き給ひき。故、楯縫といふ。

天若日子

天菩比神が久しく復奏しないので、天若日子が天麻迦古弓(あめのまかこゆみ)、天之波波矢(あめのははや)を持って、出雲へやって来ました。ところが、天若日子も大国主神の女、下照比売を妻として八年になるも復奏しませんでした。そこで、偵察に雉子が派遣されて出雲にやって来たが、天若日子に弓矢で殺されました。天若日子もその還り矢で殺され

ることになりました。

稲佐の浜

次に建御雷之神（第1部では、建御雷之男神）が、天鳥船神とともにやって来ました。出雲大社の西1.4kmほどに、稲佐の浜（写真66）

写真66　稲佐の浜

があります。稲は否、佐はサー、OKの意味です。このできごとに由来するのでしょう。

この浜での交渉の状況です。建御雷之神は十柄剣を抜き、逆に波の穂に刺し立て、その剣の前に胡坐して、大国主命に問いただします。

「天照大御神と高木神の使いとしてやって来た。汝がうしはける葦原中国は、我が御子が白らす国だと言っている。汝の心はどうか。」

この問いに、大国主命は、「僕は答えることができません。八重言代主神が答えます。しかし、三保の崎に釣りに行っていて、戻ってきていません。」と。

そこで、天鳥船が早船で三保に向かい、八重言代主神を連れてきます。そして大国主命に言いました。

「恐れ多いことです。この国は天つ神の御子に、捧げます。」

と言って隠れてしまいました。

意外とすんなりと国譲りは進んだかに見えます。今までの、度重なる出雲への派遣は何だったのでしょう。建御雷之神と天鳥船

第 4 章　出雲の国譲り

神が逆さに立てた剣の勢いに、本気度が見えて譲ったのでしょうか。それとも、「汝がうしはける葦原中国は、我が御子が白らす国」の意味を理解したのでしょうか。

うしはく国
　うしはける国とは、大人（うし）が佩（は）く国という意味です。佩くとは、身に帯びることで、ズボンをはく、履物をはくなどと使用しています。大国主命が国の大人となり、国の民や土地、そこからの収穫などを自分の持ち物のように勝手している国だと、高天原は指摘したのです。

　大国主の名は、八十神と戦い苦労の末、須佐之男命からいただいた名前であるが「国の主」と、うしはける国そのものを表現しています。このままでは、国や民を自由に采配したいと考える、次の大国主が生まれ、国盗りの戦いが限りなく続くことを、高天原は見抜き、鋭く例えたのでしょう。
　では、高天原が目指した「白らす国」とは、どんな国づくりなのでしょう。「白らす」は、知らすの意味です。天照大御神の御子が、国の様や民の心を「お知りになる」「見られる」国だと言っているのです。ネットなどで調べると、知らせの情報を共有し、協力し合うことで国を治めていくという言葉だとの説明も見受けますが、これでもまだよく分かりません。

しらす国
「うしはく」と対比すると見えてくるかも知れません。
　中国の歴史などでは皇帝は敵を倒し、国の大人となると民も土

第2部　出雲の国譲り

地も皆、皇帝とその近習の人達の思いのままでした。民主主義で選ばれた人であっても、ヒットラーのように独裁者は現れます。このように考えれば、今ある多くの国は、「うしはく」の国と言えます。

　日本のように永く続く国がないのは、この違いかも知れません。歴史の始まりから、覆らない「白らす」国を目指した、天照大御神や高木神の英知が実を結んでいるのかも知れません。あまりに身近なため、対比して考えなければ違いが見えてこないのです。

　まず、天照大御神の行ったことを考えてみます。
　1）祭事と政事を分けていた。
　政事はよく考えて行ったことでも、失敗することがあります。このことで、統治の信頼を失わないようにする必要があり、これを祭事と分けて、高木神、思金命に任せていたのです。
　2）祭事は、豊受大神の行動から分かります。
　13歳で女王に抜擢されました。神々からあるべき姿の教育を受けたのでしょう。国づくりに尽くした先人に、毎日欠かさず御饌（け）を献じて感謝していました。国づくりの東征に参加した人達に寄り添い、自分の名を出さず、天照大御神の名のもとに支援していました。

　新しくできた国の安寧を、遠く離れた伏見の稲荷山で、南に向かい3度も祈っていました。40歳頃で神武を大王に推戴すると、丹波に身を引きました。

　過去・現在・未来について、人としての普遍な行いの教育を受け、それを日常としていたのです。役目を果たすと女王に固執することなく、自分から身を引きました。
　3）天照大御神は、これが永く続くように形として遺してい

した。
- 「これの鏡は、専ら我が御魂として、吾が前を拝くが如拝き奉れ」と、鏡を依り代とした礼拝の形を作った。
- 天孫降臨する邇邇藝命に三種神器（八咫鏡・八尺瓊勾玉・草薙剣）を日嗣の印として渡し、日嗣の混乱をなくした。

　戦乱の戦国時代となっても、天下を取ったものが関白や征夷大将軍という職につき、政事を行いました。日本という国体が変わったわけではありませんでした。明治維新のように政治の混乱が生じれば、天皇が受け皿となって、解決してきました。
　祭事は、民と同じ方角を向いた行いで、民と対立する関係ではありません。要約して表現することは困難ですが、天照大御神が目指した、「白らす国」の一端と思います。

建御雷之神と建御名方神の勝負
　とは言っても、大国主命の御子達が皆、この「白らす国」を理解したわけではありません。建御名方神は父・大国主命が努力してつくり上げた国を、高天原が武力で脅して奪おうとしていると考え、国譲りに反対しました。

　建御名方神、千引の石を手末にささげて来て、「誰ぞ我が国に来て、忍び忍びにかく物言う。然らば力競べせむ。故、我先にその御手を取らむ。」と言いひき。故、その御手を取らしむれば、すなはち立氷に取り成し、また剣刃に取り成しつ。故、ここに懼りて退き居りき……
　ここにその建御名方神の手を取らむと乞ひ帰して取りたまへ

ば、若葦を取るが如、つかみ批ぎて投げ離ちたまえば。すなはち逃げ去にき。故、追い往きて、科野国の洲羽の海に迫め到りて……」

　勇ましく建御名方神はやって来て、力競べを始めました。相撲のようなものかも知れません。

　はじめに建御名方神が建御雷之神の手を取ったが、その手が氷の剣刃のように固まりました。次に建御雷之神が建御名方神の手を取り、若葦を取るように投げ飛ばしました。そこで建御名方神は、信濃の諏訪に逃げたと記しています。

建御名方神の逃避

　建御名方神が諏訪に向かった、経路を調査してみたので報告します。

　説1　伊勢→東海→天竜川遡上の経路。

　伊勢津彦が神武東征隊に追われ、諏訪に逃げた記録があることを先に報告しました。この伊勢津彦が逃げた東海経路は建御名方神が通過した経路をたどっているとの説です。そこで諏訪へは天竜川を遡ったとしています。

　説2　日本海を船で北上し、新潟県の海岸に上陸し諏訪に向かった経路。

　糸魚川あるいは上越で上陸した説と、新潟から信濃川を遡った説があります。

　逃避の経路を調べてみると、追ってきた建御雷之神に建御名方神が長野市内の善光寺付近の丘陵地で、応戦した伝承のあることが分かりました。この時、妃の八坂刀売命が戦火を逃れ隠れ潜

だところという、妻科神社が付近にあることも分かりました。

さらに、長野市の南30km、上田市にある生島足島神社に、建御名方神が諏訪に向かう途中の、できごとの伝承がありました。

「神代の昔、建御名方富命が諏訪の地に下降する途すがら、この地にお留まりになり、二柱の大神に奉仕し米粥を煮て献ぜられた。」とあります。二柱の大神とは、生島神・足島神のことで、この神社のみに登場する神です。

地図62　建御名方神の逃避道

建御名方神、逃避の道を訪ねる

わずかに見えてきた足取りからすると、先の天竜川を遡った説はありません。また糸魚川から安曇野を経由した説は、途中で戦った伝承がなく、また長野、上田を経た経路で諏訪に向かったと考えるのは不自然な経路となります。

上越の海岸に上陸し、信濃町付近を経て長野市に入ったか、新潟の信濃川を遡り、飯山市付近を経て長野市に入った経路が有力です。

信濃川河口近くの新潟市南区、秋葉区、田上町付近には、諏訪神社が多くあります。なぜこんなに多いのか不明ですが、建御名方神が信濃川を遡って、諏訪に向かった説の根拠と思われます。

訪ねると信濃川は、広い平野を悠々と流れ古代は湿地だったこ

第2部　出雲の国譲り

とが想像できました。ここで上陸しても身動き困難で、戦略の必然性が見えてきませんでした。

　このまま長野方向に進めば、追う建御雷之神は上越で上陸し、飯山付近で待ち受けることが可能です。野沢温泉村付近の狭隘部で待てば、両側の山から挟み撃ちも容易です。この逃避道ではなかったと考えました。

　上越市の西端、名立に建御名方神を祀る式内社、江野神社があり、この付近に上陸した説を見つけたので訪ねてみました。山が海に迫っていて船を着けるのに適した浜は見つかりませんでした。

　江野神社は海岸から300mほど離れて、山の中腹にありました。石段を登ると海がよく見えて、ここは追ってくる建御雷之神を見張るには適した場所に思えました。ただ、そのような伝承は残っていません。(写真67)

　海岸を観察しながら上越に戻ると、山の連なりが終わる頃、なおえつ居多の浜が見えてきました。越後に流刑となった親鸞は、この浜に上陸していたことが分かりました。越後への入り口にあたるところです。近くに式内社の居多神社があり、建御名方神が祀られていました。決定的な証は発見できませんでしたが地形的に有力です。

写真67　江野神社より

第 4 章　出雲の国譲り

善光寺付近の戦い

　居多の浜に上陸し野尻湖畔を通り、北國街道を南下すれば60kmほどで長野盆地に出ます。長野の善光寺丘陵地での戦いが、どの程度の戦力か分かりませんが、双方、船でやって来たので大きな戦力とは思われません。

　戦場となった善光寺のある丘を訪ねると、式内社・健御名方富命彦神別神社がありました。もとは善光寺境内にあったものが移されたものでした。

　ここ善光寺付近で敗れた建御名方神はさらに、逃避することになります。上田市の生島足島神社を経て、山中に入ります。

　広い生島足島神社を訪ね、神社名について考えてみました。私見ですが、生島神とは伊邪那美命が国生みの中で生んだ、倭国の島々のことと考えます。

　そして足島神が登場するのは、建御名方神は建御雷之神に追われながら、「高天原は十分に島を生んだではないか、島は足りたのではないか。何故そんなに追ってくるのか」と疑問を託したと解釈しました。

　だとすると、建御名方神は高天原が覆らない国をつくろうとした、「うしはくの国ではなく白す国」の考えは理解できていなかったように思います。そこで、遠く逃れて、また国をつくろうとしたのかも知れません。現に諏訪では、先住の縄文人の洩矢(もりや)の人々と戦いになり、勝って国主になったと伝わります。

上田から諏訪へ

　生島足島神社から、西に7kmほど進み、別所温泉付近から山

225

第2部　出雲の国譲り

中に入ったようです。1車線の林道があり慎重に7kmほど進むと立派な山が見えてきました。大明神岳です。

　日本武尊は東国東征の帰還の折、別所温泉で体を休められた伝承があり、このとき、建御名方神の諏訪への逃避については当然知っていたので、この逃避の道を兵に探索させていたかも知れません。もしかすると、この大明神岳は、この時、建御名方神を顕彰した日本武尊の名づけかも知れません。そのため、大明神山でなく岳を使った名にしたと考えます。

　ここから鹿教湯(かけゆ)温泉、武石峠（1340m）を経る山越えです。現在は武石峠から美ヶ原を経て諏訪に下る観光道路がありますが、建御名方神はいったん松本に下り、塩尻峠を越えて諏訪に入った説が大方のようです。当時、登山道があったとは思えず、大変な山越えだったことは想像に難くありません。武石の名を誰が名づけたか分かりませんが、「建（武）の意志」の意に思えてきました。

　ついてきた兵達も、はぐれて家族とわずかな集団となっていたでしょう。その時、塩尻峠を下る先に美しい諏訪湖を見て、際限なく逃げることをやめる決断をしたと考えます。この美しい湖のほとりで、生きていければ、それで良いと考えたのでしょう。

　やがて追ってきた建御雷之神に、建御名方神は直接会い話すことにしました。

「恐し。我をな殺したまひそ。この地を除きては、他處に行かじ。また我が父、大国主神の命に違はじ。八重言代主神の言に違はじ。この葦原中国は天つ神の御子の命の随(まにま)に献らむ。」とまをしき。

第4章　出雲の国譲り

国を譲る

　高天原は覆らない、正統な国づくりを目的としているので、武力で葦原中国を奪ったのでなく、「国を譲る」一言がほしかったのです。証人として建御名方神には、生を全うしてもらいたいので、厳しい注文を付けながらも了解したと考えます。

「この地を除きては、他處に行かじ。」の約束も、建御名方神1代の約束では困ります。諏訪神社に残る御柱祭りは、神殿の四方に4本の大きな心柱を建てる、7年ごとの祭りです。いつから始まったか、またその由来は不明とのことですが、この約束と関係があると考えます。御霊となっても神域を出ず、そして約束が古くなり忘れることのないよう、7年ごとに立て直すことにしたのでしょう。

　建御雷之神は出雲に戻り大国主命に、建御名方神が約束した事実を伝えました。大国主命は了解し、身を隠す場所としての大きな宮を要求したので高天原は、これを了解しました。今に残る出雲大社です。

　建御雷之神は、高天原に戻り葦原中国の言向け和平したことを報告しました。日本書紀では経津主神が率いたとなっているが、八十万神（やそよろず）を率いて天に上って、その誠の心を披歴されたと記しています。このメンバーの中に大物主神、事代主神が見えます。大物主神は奈良の大神神社に祀られる神で、後の神武天皇の后、伊須気余理比売の父として登場しています。高御産巣日神は、自分の娘・三穂津姫を大物主神に娶合わせて環り降らしています。戻らせた先が奈良なので、この時すでに将来の遷都を描いていたのかも知れません。

第 2 部　出雲の国譲り

竜王による監視

　正統な国づくりに欠かせない「国譲り」がなって、高天原は出雲の神々に最大の礼を尽くしていますが、油断なく監視していた一端が見えてきました。

写真 68　信濃の竜王山

　山幸彦の時代になって、海神・豊玉彦命を各地に派遣し龍（竜）王山で国生みを記録していたことは、先に紹介しました。その分布図（地図30）で、一つ離れた信濃の竜王山が、国生みも終わった国譲り時代の、諏訪を監視したものと見えてきました。このことに気づくと、諏訪の周辺には竜、辰や安曇の人達が配置されていることが分かりました。地図63です。

地図 63　諏訪を囲む竜

①竜王山（長野県山ノ内町）

　　志賀高原にある竜王山は、長野盆地や千曲川・信濃川を使っての脱出の監視に見えます。

②旧竜王町（山梨県甲斐市）

　　諏訪の南、富士見町の峠を越えれば、山梨です。甲府盆地に下りたところに竜王の地名が見えます。

③辰野町（長野県辰野町）

辰野町は諏訪湖の西に隣接していて、辰は十二支の表現ながら、龍のことです。諏訪湖を水源とする天竜川の出口にあります。その川名の、天の竜は豊玉彦命そのものずばりです。天竜川を使った脱出を監視しています。

④安曇野市

松本盆地に移り住んだ、安曇の人達は、海神・豊玉彦命の出身母体です。安曇野の穂高神社には子、穂高見命（別名・宇都志日金析命（うつしひかなさくの））が祀られています。ここに移り住んだのは、開拓をしながらの監視目的もあったかも知れません。

天孫降臨の開始

ようやく、出雲国など葦原中国の国譲りがなり、天孫・邇邇藝命を降らすことになったと記紀は記します。ところが向かった先は出雲ではありませんでした。未熟な少年の邇邇藝命を出雲に降らしたならば、なんと底の浅い国づくりなのだ、力で国を奪い我が孫を国主にしたかっただけではないか、とのそしりがあったでしょう。

前著で天孫降臨は国譲りの前に、南九州に下っていたと考察しました。高天原が、出雲に雉子を偵察に派遣した頃には、邇邇藝命が成長していたことや、兵団の長の天忍日命や大久米命が出雲に向かわず、天孫降臨に同行していたことからそのように考えたのです。

大八州の国のありようを考えたうえでの国譲りだったので、国譲りは一つの通過点でしかなかったと思います。ここで必要なのは邇邇藝命を「知らす」を実践できる人に、育てることだったの

でしょう。そのため五伴緒をはじめ、思金神など多くの人材を付けて、出雲に見向きもせず南に向かったと考えます。

そして、国づくりとは何をするのかを学ばせたと思います。灌漑稲作を伝え、道を開き、邑々や山々に名前を付け、西日本の海路も開きました。見えてきたこれらはほんの一部でしょう。

降臨した先の南九州には、建御名方神を祀る多くの南方神社が見つかりました。これは、天孫降臨のさなかに国譲りがなって、建御名方神の行為を顕彰したものと思われました。

高天原ではこの考えが徹底していたようです。豊受大神は東征がなった後、国づくりに貢献した神々に感謝していますが、その感謝の天照御魂神社に、建御名方神が祀られていたのです。

竜王山と龍王山

国譲りの歴史の最後の地、長野県に竜王山の記録を見つけ、国生みから国譲りの歴史を、豊玉彦命が現地に訪ね記録していたことは、ほぼ誤りがないと思われました。

しかし、竜王山・龍王山の二つがあることについては、謎が解けていません。竜と龍の文字を調べると、竜が常用字体で、龍は旧字体となっているが、中国では竜の文字のほうが古いとのことです。龍は竜を立派に見せるため、象形文字のような甲骨文字に竜のひげみたいなものがあるので、竜の文字の右側にひげを追加したとの説明がありました。

豊玉彦命の時代、日本に二つの字体で伝えられたか、どちらか一方であったかどうかは分かりません。古代の足跡記録のため、二つの名を付ける理由があったとすると次のことが考えられま

第4章　出雲の国譲り

す。
1) 二つの山を対にして、何かを指し示す場合。（例：東征のベクトルの高取山・鷹取山）
2) 進んだ経路の日程を記録する場合。（例：天孫降臨の道に名付けた丘と岡の名が付く山）
3) 二度の遠征の前後の記録を分ける場合。
4) 神武東征など、後の人がさらに追加して記録する場合。（例：高倉山・高塚山など）

そこで、竜王と龍王について地名も加えて、別々に分布図を作成してみました。地図64、65です。

比較すると二つの図はよく似ていて、瀬戸内海中央部に山や地名が集中し、竜王と龍王が混在しています。また山陰、播磨、広島県西部、山口県東部が空白に見えるのは共通しています。広島県西部の空白地は播磨と同じように、大国主命が進出していた葦原中国にあたるため、空白なのかも知れません。

また吉備に多くの竜王や龍王が見つかるのは、記紀には記

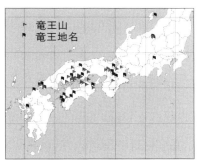

地図64　竜王の分布

地図65　龍王の分布

されていない、伊邪那美命亡き後の伊邪那岐命の開拓が大規模であったことが見えてきます。

　九州の東海岸、佐伯・宇佐・飯塚に並ぶ龍王山があり、また、近畿では奈良に一つ龍王山があることから、神武東征の経路と重なり神武東征の際、龍王山を名づけたとも考えてみました。
　しかし、それであれば播磨にも残すはずと思われて、神武東征時の名付けを否定しました。
　瀬戸内海中央部の竜王・龍王は混在していて、時期を変えた2回の遠征に読み取ることもできませんでした。
　それにしても豊玉彦命は一人の人物なので、竜王と龍王に分けて記録する理由がありません。竜と龍に分けて山名を残すためには、地元の村人に文字の違いを説明しなければなりませんが、説明が困難な文字です。二つの文字を知る人には、「易しい竜」「難しい龍」「字画の多い龍」などと話すことができますが、文字が普及していない当時には、区別しての説明はできなかったでしょう。
　地図を作成していて気付くのは、龍王神社のある近くの地名が竜王と易しい竜を使用していたことです。古事記・日本書紀の原文を調べると、すべて「画数の多い龍」が用いられていました。「竜から龍」でなく、龍王であったものを、後に竜王と易しい竜に変えたもので、本来はすべて龍王山だったと考えます。

豊受大神の出自
　卑弥呼（天照大御神）の共立は、倭国乱を収束させるため、別天つ神五柱の神が話し合って共立したものでした。その卑弥呼亡き後を継いだ台与（豊受大神）は13歳で共立されています。そ

第4章　出雲の国譲り

して同じように国中は収まりました。宗女とされているので、血統の良い娘であることは予想できますが、なぜ国中を収めるだけの力があったかを考えてみます。

　豊受大神には、いろいろな文字があてられています。
　豊宇気毘売神（古事記）、止与宇可乃売の神・豊宇可乃売の神（摂津国風土記逸文）、豊宇賀能売命（とようかのめの）（丹後国風土記逸文）などです。
　また、伏見稲荷大社、伊勢外宮に祀られる次の神も、豊受大神の別名とされています。
　稲荷神、お稲荷さん、稲荷大明神、宇迦之御魂神（うかのみたまの）、倉稲魂命。
　豊受大神の出自について記紀は次のように記します。
　国生みの中で、伊邪那美命が事故で亡くなった時、迦具土神は伊邪那岐命に斬られます。その時、迦具土神は波邇夜須毘売神（はたやすびめ）（＊1）とすでに結婚していて、和久産巣日神（＊2）を生んでいたと記しています。そして、この神の子が豊受大神だと記しているのです。日本書紀では＊1埴山姫、＊2稚産霊（わくむすび）。

　ただ和久産巣日神の子とすると、世代が合わないので、出自が迦具土神につながることを、ここで記したものと考えます。
　さらに古事記は、豊受大神の別名とされる宇迦之御魂神は、大山津見神の娘、神大市比売と須佐之男命との間に生まれたと記しています。
　先の和久産巣日神が誰と結婚し、後の豊受大神につながったかが不明

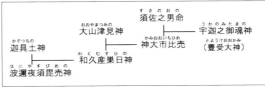

図25　豊受大神の系譜

233

ですが、大山津見神と出雲で結婚していれば、世代や場所がすべてつながることが分かりました。図25です。

和久産巣日神が女性だった記録がないのですが、やはり穀物の神とされているので、他の食べ物の神と同様女性と比定しました。

和久産巣日神の須佐之男命に寄せる思い

大蛇退治で登場した足名椎が大山津見神の子と、名乗っているので大山津見神が、出雲に移動していたことが推定できます。伊邪那美命の子の須佐之男命は、ちょうど和久産巣日神と同年代で、国生み開拓時代に、二人は幼馴染であった可能性があります。

そこで、須佐之男命が出雲に進出すると、和久産巣日神は後を追ったのでしょう。そして大山津見神と結婚し、神大市比売を生んだと考えました。当時のスーパースター大山津見神の娘と須佐之男命の間に、子が生まれても不思議ではありません。

すると和久産巣日神が出雲に来ていた、痕跡を地図の中に見つけました。和久王島、和久羅山、和久輪、和久利の地名を出雲に見つけたのです。

しかもこの4地点が直線で結ばれていて、佐田町の黒山にあるとされる須佐之男命の陵をさし残しているかも知れません。地図66です。

島根半島の和久王島付近には、稲荷山が見つかり豊受大神との関係と思われます。

和久王とあるので、和久産巣日神には、記録に残ら

地図66　和久地名の直線

第4章　出雲の国譲り

ない力を秘めていたかも知れません。その子と比定した神大市比売の名の大市が、奥出雲町横田の中心部に見つかります。世代的に見て、須佐之男命が高齢になってから、生まれた宇迦之御魂神（豊受大神）と考えます。

写真69　港沖の和久王島

ここで宇迦の地名は、須佐之男命が大国主命を後継者としたときに、

「……宇迦の山の山本に、底つ石根に宮柱ふとしり、高天の原に氷椽たかしりて居れ。この奴。」

このように宮位置を指定した場所の名と同じです。また、四国の高越山と比婆山を結んだ先でもありました。（地図42）豊受の豊は美称で、風土記にあるように宇可乃売が本来の名前と考えます。

豊受大神の共立

豊受大神（台与）が倭国女王に共立されたときには、和久産巣日神が共立のため大いに活躍したものと思います。その功績により「産巣日」の名になったと思います。

須佐之男命の娘・豊受大神が出雲から共立されたのであれば、出雲国譲りと大いに関係があったと推測できます。魏志倭人伝は、天照大御神（卑弥呼）が亡くなって、改めて男王を立てたとあるが、誰だったのかが不明になっています。図24の年齢シミュレーションなどから、その候補を考えます。

235

第2部　出雲の国譲り

　高天原が立てた男王は、天照大御神につながる邇邇芸命（推定約39歳）または山幸彦（推定約23歳）であったことは想像に難くありません。出雲が立てた男王は、大国主神（推定30歳）だったでしょう。また、邇邇芸命の兄・火明命（推定40数歳、別名・天照国照彦火明櫛玉饒速日命）は丹後から立ったと推測します。

　高天原に集まって議論したが、話はまとまらなかったのでしょう。饒速日命は、高天原や大国主命の許しも必要なくなり、これを機会に、天磐船で引き返し丹後ではなく、河内から奈良盆地を目指したものと推測します。奈良では有力者・長髄彦の娘との間に、物部氏、穂積氏らの祖となる宇摩志麻遅命をもうけています。
　長髄彦、宇摩志麻遅命は孔舎衛坂（くさえ）で神武と戦いになりますが、後に宇摩志麻遅命が長髄彦を討って、神武に恭順しています。
　一方、丹後で生まれたと思われる、火明命の子孫・倭宿禰命（椎根津彦）や高倉下は神武東征の中で当初から活躍しています。

　卑弥呼亡き後の伊都国系の王の共立は、出雲の神産巣日神など須佐之男命を応援してきた、奴国系の人達の反対も大きかったと考えます。須佐之男命の出雲進出による、予想された結果です。記紀は記さないが、その後、吉備や播磨で局所的な戦いが生まれても不思議ではありません。魏志倭人伝は「こもごもあい誅殺し、当時千人を殺しあった。」と記します。天日槍と伊和大神の戦いも、その一つだったのでしょう。
　この状況を知って活躍したのが、和久産巣日神だったと考えます。高天原に出向き、この時すでに亡くなっていた須佐之男命の

第4章　出雲の国譲り

心を代弁したのでしょう。

　父を伊邪那岐命に斬り殺されながらも、国づくりに邁進してきて高齢となった、和久産巣日神の言葉には説得力があったに違いありません。ついに高天原は了解し、出雲から孫娘を高天原に送り出すことになります。天照大御神が伊都国系の代表の形で、若くして女王に共立されているので、同じように奴（那）国系の代表として、13歳の豊受大神を共立することで、まとまったのでしょう。

　出雲には文字の異なる宇賀とつく地名があります。根の国の安来に宇賀荘が、出雲市の宇迦山の東に口宇賀、奥宇賀の地名が見つかります。生まれ育ったところかも知れません。写真は宇賀荘にある宇賀神社です。

写真70　宇賀荘の宇賀神社

　結果的にこのことが戦乱の収束や、出雲国譲りの成功につながったと考えます。
　邇邇芸命や山幸彦が王になれず、神武兄弟が大きくなるまで、東征ができなかったのも、このような事情があったためかも知れません。
　また大国主命や八重言代主神が稲佐の浜で、意外と簡単に国譲りに応じたのも、このような豊受大神擁立の背景があったためと考えます。

第2部　出雲の国譲り

出雲・国譲りのまとめ

1、高天原を追放された須佐之男命は、海を渡り新羅国に出向いたが、「ここには居たくない」と言って戻ってきました。
2、当初予定の根の国に向かうため、船は出雲の五十猛港に上陸し、内陸を根の国（安来市付近）に向かいました。
3、斐伊川を遡る途中で、足名椎・手名椎の老夫婦に会い、「八俣の大蛇」を退治することになりました。
4、「八俣の大蛇」というのは、毎年やって来る梅雨時の大雨による洪水を、大蛇による仕業だと表現したものでした。
5、須佐之男命は、足名椎夫婦と娘を、まず安全なところに避難させ、灌漑稲作を伝えると同時に洪水の原因となっていた、斐伊川の隘路を広げる工事を行いました。
6、工事が終わり洪水の恐れも少なくなったが、足名椎夫婦は大蛇が原因と信じているので、大蛇退治の大芝居を打ちました。尾から「天の叢雲剣」を取り出したと見せたのです。
7、その後、結婚した足名椎夫婦の娘・奇稲田媛と、根の国に向かいます。途中の須賀に宮を造り、付近の開拓を行います。
8、その後、天狗山を越えて根の国に行きました。
9、伊邪那美命の父・神産巣日神は、孫の須佐之男命を支援するため、奴国を捨て出雲にやって来ていました。
10、須佐之男命や神産巣日神の御子達は、出雲の各地に派遣され国づくりしていました。
11、その御子達が、稲羽の八上比売と結婚を競って稲羽に向かう途中で、「因幡の白兎」神話が生まれました。この神話は、白兎海岸の淤岐の島と陸の間、80mほどの間にある岩群れ

第4章　出雲の国譲り

の上に生ずる、打ち寄せる波が二つの波で、白うさぎのような形に変化する自然現象と分かりました。
12、御子の一人、大穴牟遅神が八上比売と結婚することになると、他の御子達から迫害を受けることになりました。
13、大屋毘古神の助言で、大穴牟遅神は須佐之男命に会うため根の国に向かいました。
14、須佐之男命の娘・須勢理毘売は、やって来た大穴牟遅神に一目ぼれし、須佐之男命が大穴牟遅神に課した数々の試練に助けを出します。難局を脱出した大穴牟遅神は、須佐之男命から大国主神の名をもらいます。
15、大国主命は高志国の沼河比売、神産巣日神の娘・眞玉著玉之邑日女命、天照大御神の子・多紀理毘売命などとの結婚で、血縁関係を深める国づくりをしました。
16、神産巣日神の御子・少名毘古那神と力を合わせ、葦原中国の国づくりを行いました。
17、播磨国は伊邪那岐命・伊邪那美命の国生みでは、空白地帯だったようで、大国主主命が進出し国つくりし、その後を伊和大神が跡を継いだと思われます。
18、新羅からやって来た王子が、途中、倭国で天日槍の名をもらい、播磨国にやって来ましたが、大国主命や伊和大神と争いになりました。
19、この頃出雲では高天原と出雲の間で国譲り交渉が、始まっていました。
20、天菩比神や天若日子などを次々、出雲に派遣しますが進展がなく、その間、天孫・邇邇藝命を南九州に降らしました。
21、建御雷之神は、出雲の稲佐の浜で、十柄剣を抜き、逆に波の

第2部　出雲の国譲り

穂に刺し立て、その剣の前に胡坐して、大国主命に問いただししました。「葦原中国は、天照大御神の御子の白らす国だ。汝の心はどうか」

22、大国主神は、子の八重言代主神が答えるとしたので、三保に船を出し連れてきました。

23、八重言代主神は国譲りを了解したが、別な子の建御名方神は建御雷之神に力くらべでの決着を申し出たが、負けて高志に逃げました。

24、これを追った建御雷之神と建御名方神は長野の善光寺付近で戦いになりました。

25、ここでも負けた建御名方神は、上田から武石峠を越えて諏訪に逃げました。

26、さらに追ってきた建御雷之神に、建御名方神は国譲りを了解すると同時に、この諏訪の地を出ないと約束して、国譲りは完了しました。

27、高天原はこのことで、正統な国づくりに入れたと考え、建御名方神を国づくりの貢献者として祀りました。

28、それでも油断なく、建御名方神の代々を監視するように、竜王・豊玉彦命に関連する地名が、諏訪の四方にあることが分かりました。

29、豊玉彦命が国生み時代を記録した龍（竜）王山は、本来はみな龍王山だったが、長年の間に画数の少ない竜を用いた竜王山に変化した山が生じたと考えました。

30、天照大御神が亡くなった後の、王の共立で騒乱となったが、和久産巣日神が、須佐之男命の子・宇迦之御魂神（豊受大神）を出雲から出すことで説得し、騒乱を収めました。

第3部　飛ぶ鳥の明日香

明日香村飛鳥の首塚付近から見た高取山
　　　　　（中央前方の最奥）

第3部　飛ぶ鳥の明日香

第1章　飛ぶ鳥の明日香

　これまでの歴史研究は、二つの東征に始まり天孫降臨、国生みと歴史を遡りながらの研究になりました。そのことで豊玉彦命による国生みの記録が、見えてくるなど良い面もありました。
　しかし、まだまだ古代人が山々などに託した思いの、一部が見えてきただけです。この章では、これまでの検討の再考や、新しく見えてきたことなどを報告します。

明日香
　奈良の飛鳥、明日香の由来が謎になっています。飛鳥をなぜ「あすか」と呼ぶのか、また「明日香」のすばらしい地名は、どこから来たのかという謎です。万葉集に、この飛鳥と明日香が登場する歌がいくつかあります。次はその一つです。

　　飛鳥(とぶとり)の　明日香の里を　置きて去なば
　　　　君が辺は　見えずかもあらむ

　この歌では、明日香の枕詞として、飛ぶ鳥を使用しています。この明日香の枕詞から、飛鳥と書いて「あすか」とも呼ぶようになったかも知れません。そうすると明日香の枕詞が、なぜ飛ぶ鳥なのかという謎になります。
　この「飛ぶ鳥の明日香」の枕詞誕生には、あるできごとが関係していると思われます。これまで全国にある高取山・鷹取山は、神武と日本武尊の二つの東征の、進んだ方向を表すベクトルであ

ると述べてきました。

　この同音の高取山・鷹取山は文字では容易に区別できますが、私は講演などで話す場合「高い高取山」「飛ぶ鷹取山」と、枕詞を付けて話していました。古代人も、高と鷹を区別して、村人などに説明したと考えます。この時、鷹取山では身振りを交えて「飛ぶ鷹取山」や「飛ぶ鳥の鷹取山」と、説明していたと想像します。

飛鳥の誕生
　地図10は全国の高取山と鷹取山分布です。これの奈良県五條市の高取山（L1）のみに、対の鷹取山が見つかりませんでした。これを前著「たかとりが明かす日本建国」では、近くの御所市の高天を対に比定しましたが誤りで、隠れた鷹取山があることが見えてきました。それが、明日香村の隣にある高取町の高取山です。

　神武は熊野から、八咫烏の先導で山々を越え宇陀に出ると、兄磯城・弟磯城との戦いを前に、吉野巡幸を行い五條に出ています。
　五條から宇陀に戻っていますが、この時のベクトルの出発地が五條市の高取山だったのです。そして、ベクトルの対は高取町の高取山だったと思われます。この高取山は改名後の名前で、改名前は「飛ぶ鳥の鷹取山」だったと考えます。そうすると、このベクトルの先が宇陀の高倉山になります。
　この高倉山は、神武が吉野巡幸から戻り、国見した山と日本書紀は記しています。訪ねたことがありますが、登り口から10分ほどで登れて周囲も同じような山で、とても戦況を見るにふさわしい山ではありませんでした。この山は東征の後を追ってきた豊受大神が、高倉下の案内のもと神武と再会して、この時、神武を

大王に推戴したところと考えています。ベクトルの先としてふさわしい場所です。

日本武尊東征は神武東征の延長

驚くのは、このベクトルを延長すると、身延の鷹取山につながっていたことです。（地図67）

高取町の高取山と身延の鷹取山は日本武尊東征の出発のベクトル

地図67　飛ぶ鳥の高（鷹）取山

と考えていました。神武東征が最後に残したベクトルと、日本武尊東征の出発のベクトルが直線でつながっていたのです。

五條の高取山は小さく目立たない山です。まず、神武東征の目的地に近い高取町に鷹取山（高取山）が設定され、その後に五條の高取山が設定されたと考えます。

日本武尊東征は、神武東征と同じように、高取山・鷹取山によるベクトルを残していたので、神武に続く一連の国づくりの事業と捉えていたことは明らかです。日本武尊東征隊は、敢えてこのベクトルのままに進んで、身延に向かったと考えます。

もし神武の吉野巡幸が、次の東征を想定した巡幸で、このベクトルを残すためだったとすれば、二つの東征による建国計画の遠大さに驚嘆してしまいます。

第1章　飛ぶ鳥の明日香

「飛ぶ鳥の明日香」の誕生

　甘樫丘の飛鳥川東岸域は、明日香村飛鳥です。32代崇峻天皇から10代の天皇が宮を置いた地域で飛鳥時代（592～710）118年を刻みます。古墳時代を終え、飛鳥時代から天皇が宮を置いた地名が時代の区分名になりました。

　この飛鳥の地域から高取山を3D地図で断面を描くと、高取山（583m）の山頂部の500mより上約83m部分が見えることが分かります。（図26）

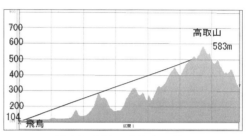

図26　飛鳥～高取山の断面

　日本武尊東征が始まる前の、まだ鷹取山の名であった当時は、この明日香村飛鳥付近を「飛ぶ鳥の鷹取山が見える明日香」と呼んでいたのでしょう。このことが「飛鳥の明日香」という明日香の枕詞になったと思います。このように飛ぶ鳥の枕詞が先に生まれたと思います。

　日本武尊東征に際し、出発地の纏向などに新たに高取山を設定しては後の人が、どの鷹取山が身延に通じるベクトルなのか混乱すると考えて、神武のベクトルの延長のままに出発し、鷹を高に変更したと考えます。このとき鷹取山のよく見える地域に、飛鳥の地名を残し、「あすか」と名付けたのでしょう。枕詞のみでは飛ぶ鳥が消えるからです。古代人が、高取山を鷹取山に変更したことを、後世に残そうとした工夫の跡と考えます。

第3部　飛ぶ鳥の明日香

　東征の中では、様々な事件やドラマが生まれ、それが枕詞として残されたと思います。例えば「青雲の白肩津」は、神武東征隊が浪速の渡りを行った際に、船が着いた場所の表現です。白肩津は現在の枚方市に比定されていて、青雲は白肩津の枕詞です。

写真71　飛鳥から見た高取山

　これも、春四月、川水がぬるみ始めて、早朝の川渡で見た特別な青い雲を、兵達か神武兄弟が発した一言によると思います。それが東征隊の中で話題になり、一気に広まったのでしょう。

明日香の由来

　神武東征では、遠征してきた西日本各地の地名が、奈良に持ちこまれています。橿原近くの吉備、朝倉、高田などはその例です。
　天孫降臨で名づけた貝吹岡に代わる貝吹山もあります。明日香は、猿田彦神が漁をしていて比良夫貝に手を食われて、溺れた場所として古事記が記す、阿邪訶に良字を、あてて名づけた地名と考えました。
　天孫降臨を先導した猿田彦の働きがあっての、東征と考えていたと思います。明日香の近くには、猿田彦の本名の佐田彦由来と思われる佐田も見つかります。
　そのまま阿邪訶をあてては、本来の位置が分からなくなります。また文字も、あまり良くありません。後に倭媛命は、この阿邪訶に阿射加、阿坂を充てています。元の「あざか」の音を一部

残しながら、良い名に変えるならば、「ざ」の濁音を取り、「さしすせそ」に変える案がまず候補となるでしょう。すると「あさか」「あしか」「あすか」「あせか」「あそか」が具体的になります。この中の「あすか」に、東征終わりの地点にふさわしく「明日香」があてられたと考えます。

　倭媛命は、この神武東征最後のベクトルや明日香が阿邪訶に充てた音であることを知った上で、このベクトルの線上近くの松阪に、「阿射加」の文字を充てたと考えます。

阿邪訶（あざか）

　では、もとの阿邪訶はどこにある地名でしょう。これまでの研究では天孫降臨の足跡をたどってみて、長崎県諫早市の佐田岳が面する、橘湾の岸辺が猿田彦神終焉の地と推測していました。（地図68）

　この佐田岳は猿田彦命の、本名・佐田彦に由来し、亡くなった橘湾に面した場所に、名づけられたと考えています。いくつかのベクトルが佐田岳を指し示しています。この発見の経緯は「丘と岡が明かす天孫降臨」で報告しました。

　しかし、この付近の地名を細かく調べ、阿邪訶に相当する地名を探しましたが見つけることができませんでした。解けない課題として残っていた

地図68　猿田彦終焉の地

のです。明日香が阿邪訶に由来することが見えてきて、もう一度、調査することにしました。

「あざか」の読みは、地名としてはあまり見ないので、地名以外を考えてみました。そこで、手を取られた比良夫貝の候補の貝である、しゃこ貝を調べてみることにしました。するとネットの沖縄方言変換サイトで、しゃこ貝は「アジケー」と呼ぶことが分かりました。ケーは貝のことで、いまも沖縄で方言に詳しい人は使っているとのことです。この「アジケー」が転化して、地名にされた可能性は、大いに考えられます。

　天孫降臨の南九州遠征で、沖縄の人も途中参加していて、橘湾付近では珍しい貝に、沖縄の人が「これはアジケーという名だ」と答えたと想像します。この「アジケー」が人伝えに、高天原や伊都国に伝えられ、亡くなった場所の名になってしまったと思います。結局、「アジケー」が「阿邪訶」となり、神武東征最終地点で「明日香」となり、日本武尊東征の出発で「飛鳥」が生まれたことになります。

第2章 北への旅

　新しい発見の場所や確認したいことが生まれ、東北・北海道への旅に出ました。

日本武尊の三陸沖航路

　豊玉彦命が開いた航路の寄港地に、白浜の名を残していました。その白浜が、東北では三陸海岸に連続して見つかり、これは豊玉彦命の航路でなく、日本武尊が竹水門（宮城県七ケ浜町付近に比定）に屯していた国津神・島津神の案内で、三陸沖を北上した航路の足跡と考えていました。その浜々を巡ることからスタートです。

●**松島湾の白浜島**　七ケ浜にいったん上陸した船隊は、岬を回った先の松島湾に船を休めたのでしょう。その奥に小さな白浜島が見つかり、新しい船出の出発地になったと考えました。島がよく見える大浜に立つと、泥の浜でしたが、地元の人は、それでも船は引き

地図69　三陸の白浜

上げできたと話していました。近くに天王崎の地名も見つかり、日本武尊はこの付近から出発したのでしょう。このとき付近は津波対策の防潮堤工事が盛んに行われていました。

写真 72　白浜島

●女川町の高白浜　石巻湾には入らず牡鹿半島の先端に向かい、金華山沖を回ったと思われます。牡鹿半島の北側付け根付近に高白浜が見つかります。およそ 73km の航続距離は 1 日の距離としては長い方になります。高白浜の浜は大きくはなく、漁港になっていました。住宅は津波を避け高台に移転していました。

●出島の白浜海水浴場　高白浜から 7km ほど北上した先に、人が住む小さな島・出島があります。その北部に白浜海水浴場が見つかります。対岸の尾浦の漁港で漁師に話を聞くと、浜はあるけど行ける道が島内にないといいます。船でしか行けない海水浴場なのだろうか。高白浜から近いので、緊急避難などで立ち寄った浜かも知れません。

●北上川河口の白浜　現在の北上川は、追波湾に流れ出ています。その流れがぶつかるような位置に、白浜が見つかります。海水浴場があり、高白浜から約 27km です。

●唐桑半島の白浜　北上川河口を出発し、志津川湾・気仙沼湾など湾が奥深い中には入らず、先に進んでいます。広田湾の湾口にある唐桑半島に白浜があります。小さな浜がありました。北上川河口の白浜から約 57km です。1 日の航続距離としては平均的で

第 2 章　北への旅

す。この場所を初めての航海で見つけ出すことは困難で、先発の船が丹念に調べたうえでの、航海だったと考えます。

写真 73　唐桑半島の白浜

●**陸前高田の白浜崎**　広田湾の奥に白浜崎が見つかります。湾奥にこれまでの航海では、見なかった平野があることを知り湾奥に進んだのでしょう。この陸前高田から気仙川にそって山中を北上できることも、この時知ったかも知れません。後に副将軍の建稲種命は九戸から、延々と北上山中を南下して陸前高田に出ています。白浜崎は、今はない千本松原の浜に入る目印だったのかも知れません。

あの大津波（2011 年 3 月 11 日）から 5 年が過ぎました。雨にけむる奇跡の一本松付近、盛り土を運ぶ夢の架け橋は役目を終え、撤去されていましたが、平野はまだまだ復興半ばでした。

●**綾里湾の白浜**　奥が深い大船渡湾には入らず、その先の小さな綾里湾にある白浜が次の寄港地のようでした。千本松原から約 40km の航海です。大きな浜でしたが、復興の工事が盛んに行われていました。

●**唐丹の小白浜**　気仙沼から陸前高田を越えて、釜石・大槌・宮古までは多くの湾が並びます。綾里湾を出発して、越喜来湾、吉浜湾を迂回

写真 74　綾里湾の白浜

し30kmほどで唐丹湾に小白浜が見つかります。ここも漁港の工事が行われていましたが、港の右片隅に僅かな浜を見つけました。

●**釜石湾の尾崎白浜** 釜石は鉄の産地です。ここに立ち寄らないはずがありません。釜

写真75 尾崎白浜

石湾の奥には浜がなかったのでしょう。湾入り口に尾崎白浜が見つかりました。しかし大きな漁港になっていて、砂浜があったらしきところには、船引き上げ用のレールが敷かれていました。後背の山際には尾崎神社が見つかります。調べると日本武尊が祀られていて、さらに尾崎半島先端に向かって、奥宮と奥の院があることが分かりました。ネット情報「神社の世紀」では、半島先端の奥の院は、拝殿も何もなく石柵に囲まれた中に、一抱えもある石があり、その石に1mあまりの宝剣が上向きに突き刺さっていて、何か文字が浮き彫りされた写真が掲載されていました。

つぎの記述は載せられていた『尾崎神社縁起』です。

「尾崎半島は日本武尊が東征した折りの最終地点であり、この鉄剣はその足跡の標として尊が安置したものという。以来、尾崎神社は日本武尊を祭神とし、奥の院にあるこの宝剣を神体として祀ってきた。」

これまで、〇尾の地名は東征隊が進んだ足跡でした。文字前後逆の尾〇の一つ、尾鈴山は神武東征出発の美々津近くにあって、

第 2 章　北への旅

航行の目印ではなかったかと考えていました。尾崎も航海の目印に付けた半島の名前と思います。

●**箱崎半島の箱崎白浜**　箱崎白浜は尾崎白浜から 24km ほどの大槌湾にあります。この大槌湾の南側の半島の北岸にあります。これら白浜の寄港地が、湾を形成する南側の半島の北側に設定されているのは、到着地の意識を残したものと考えます。

　大槌町の対岸にある小鎚神社には日本武尊が祀られていて、何度か訪ねています。大津波の被害の心配をしましたが、鳥居のところまで津波は来たが本殿の浸水被害を免れ、その後の山林火災で火に囲まれたが、町民の必死の消化活動で難を逃れたとのことです。

●**宮古の白浜**　宮古湾を形成する東南の、重茂(おもえ)半島の中間まで入り込んだところに白浜はありました。箱崎白浜からは約 53km です。宮古は閉伊川河口に開けた町で、内陸に通じる要衝です。ここでも防潮堤の建設が進んでいました。この先の三陸海岸には北山崎に代表される断崖が続き、適当な寄港地がないため、一気に進むための準備が進められたと思います。

●**八戸の白浜**　日本武尊下船の場所を、以前の検討では鷹取山の位置関係から洋野町の江戸が浜付近と想定していました。豊玉彦命の白浜の検討で、八戸に最北の白浜が見つかり、この浜が下船の場所と分かりました。

ただ、宮古の白浜から 110km もあり、岩礁も多いこの海域

写真 76　八戸の白浜

253

第3部　飛ぶ鳥の明日香

を無寄港の夜間も漕ぐことは困難です。白浜の名付けはありませんが、野田町の前浜や久慈の海岸に寄港していると考えます。船で北上を始めた常陸の久慈と、同じ名の久慈を残したのは、到着地の意味があると思います。

　途中、久慈付近で寄港したとすると。松島を出発して、12航海になりました。天候悪化による日待ちを考えると、1ヶ月近い日数をかけたかも知れません。特に東京湾渡海では、弟橘媛を亡くしていて、天候には気を配ったと考えます。

明神
　天神と明神の地名が全国にあります。天神山だけで全国に38山、明神山は35山です。天神と明神の名付けの区別が何なのかはっきりしませんが、この三陸沖北上の経路には明神崎だけで6ヶ所見つかりました。明神山や明神の地名が多く見つかります。この集中は偶然ではなく、この日本武尊北上の痕跡と考えます。

　部隊は全員が船で北上したのでなく、陸を先行して岬から、船隊を支援していても不思議ではありません。岬からは船隊が、船からは岬の烽火が見えれば、互いにどれだけ力を得るか計り知れません。そのような岬だったのかも知れません。

　写真77は、なぜこんなところにと思いながら以前に訪ねた、雄勝の明神山です。震災で破壊された長面浦(ながつら)の護岸の向こう左端に見えます。この時の、静かな海面に向かっ

写真77　雄勝の明神山

て、うずくまる若い夫婦は忘れられない光景でした。津波で亡くなった父母か、子供を思い起こしているのか、いつまでも動く気配はありませでした。日を確認すると、ちょうど震災から3年を過ぎた5月の日曜の月命日にあたる日でした。

阿光坊古墳群

　日本武尊は東征折り返しの地点、東北町の石坂に碑を残しているので、八戸の根城(ねじょう)付近を経て北上したことは確かと考えます。根城近くの大きな縄文遺跡の是川も、立ち寄っているかも知れません。この阿光坊(あこうぼう)古墳群も東北町に向かう中間、おいらせ町にあります。以前の訪問で見つけられなかったので、今一度訪ねました。十和田湖から流れ下る奥入瀬川の河口近くの北岸にあります。

　標高30〜40mの丘の上に阿光坊遺跡、天神山遺跡、十三森遺跡で構成されています。7世紀前半から9世紀末にかけて造られた、直径10m、高さ1mほどの古墳が隣接して点々とある風景です。刀、玉類、装身具、馬具、農工具などが見つかっています。

　このような墳墓が東北から北海道石狩地方にかけて見つかり、末期古墳と呼んでいます。古墳時代末から飛鳥時代の7世紀頃に造られた終末期古墳と区別しています。築造したのは蝦夷と呼ばれた人と推定されていますが、石室や石棺、出土品の刀や勾玉などから、倭人の古墳文化の影響があることは確かです。

　天神山遺跡の天神の地名

写真78　阿光坊古墳群

第3部　飛ぶ鳥の明日香

が、日本武尊東征の名残と思われます。ここに残置があり蝦夷と交わったか、後に派遣があったとしても不思議ではないと考えました。

「日本中央」の碑があった石坂

　明治天皇が称賛した景色が、どうしても見たくて今一度、東北町の石坂を訪ねました。明治天皇は平安時代に一度見つかった「壺の碑（つぼいしぶみ）」が、この石坂の峠に在ったと考えて東北巡幸の折、立ち寄ったと考えました。
　「壺の碑」は昭和24年に近くの石文村の谷底で見つかっていて、「日本中央（ひのもとまなか）」の4文字が刻まれていました。陸奥湾が見えるこの絶景の峠こそ、日本武尊折り返しの場所にふさわしく、「日本中央」の4文字も、富士山こそ国の中央と考えた、尊にふさわしい発想です。

　その絶景の場所がこの旅で分かりました。峠に明治天皇の親巡蹟の碑があり、その裏手の牧草地だったのです。そこは北側に向かってなだらかな斜面で、麓まで牧草地100m幅ほどが、陸奥湾が望めるように木がなかったのです。明治天皇がやって来たときも、木はなかったのでしょう。日本武尊東征の兵が、この斜面の木を切り払ったのかも知れません。それがしきたりとして、残ったのか、今では確認のしようもありません。あいにく霞んで良い画像が取れ

図27　むつ湾

第2章　北への旅

なかったのでカシミール3Dで再現しました。図27です。

　陸奥湾の後方は、下北半島です。この書を読み訪ねる人もいるかと思い、書き残しました。

渡島半島の○倉山

　北海道の○倉山は、地図70のように渡島（おしま）半島に集中して見つかります。この渡島半島の○倉山は、日本武尊東征隊の船隊が北海道に渡った記録と考えていました。船隊は日本武尊の三陸沖北上を支援すると、副将軍・穂積忍山宿禰の津軽への渡り、男鹿半島での越冬を支援しました。

　翌年、日本武尊と再会し、新潟県の岩船町付近から、佐渡島への渡海を支援しています。この後、日本武尊は会津から、筑波山を経て帰還するので、船隊が利根川の渡りの支援を行うまでには時間があります。

　船隊は太平洋側に戻る途中、津軽海峡を越え渡島半島西岸を北上し、石狩川付近まで進んだと考えました。

　本州にある多くの○倉山は、神武東征と日本武尊東征で名づけていました。北海道の地名の名付けは、まず松前藩や、明治の開拓由来を考えますが、渡島半島の西岸に松倉山が三山も見つかるのは、後の名付けによる偶然ではないと考えま

地図70　渡島半島

257

第3部　飛ぶ鳥の明日香

した。
　今回の旅の目的は、これらの山を訪ねその麓に立ってみて、古代人の心に思いを巡らすことでした。

　大間から海を渡り、まず函館図書館で北海道の地名について、いくつかの書を開きました。西岸にある上ノ国町はもしかすると、この時の船隊の足跡で、「神の国」の転化かと期待したが、違っていました。足利時代安東氏に二派があって、上ノ国・下ノ国に分かれ、秋田野代（現在の能代市）の檜山館にいた上ノ国の安東氏が北海道に渡り拓いたのが上の国の由来でした。地名や山名の由来から歴史を追うと、必ずこのような壁にぶつかります。
　渡島を渡り島とも読めるので、東征隊の船隊が渡ったことからの名づけと思いたいのですが証拠がありません。ウイキペディアでは、南部津軽の人達が渡島を、おしまと呼んだことが由来とありました。このように、地名由来から船隊の歴史を遡るのは全く不可能です。

松前町の松倉山
　三ヶ月前、開通したばかりの北海道新幹線に沸く、木古内の道の駅や福島町の青函トンネル記念館を訪ねました。船隊が津軽海峡を渡ったとすると、着岸するのは渡島半島の南端、福島町か松前町の砂浜と考えますが、この付近は岩場の多い海岸線で、着岸できるところはわずかです。福島町出身の二人の横綱、千代の山・千代の富士とゆかりがある福島大神宮の高台から眺めると、檜倉川の河口あたりが、わずかに候補地となります。別候補で浜の地名が付くのは、新幹線が地下深く通過する福島町豊浜のみです。

第2章　北への旅

　最南端の岬は、白神岬です。近くに白神岳も見つかります。白神といえば、青森県・秋田県境にある、世界遺産の白神山地が有名で、ここにも白神岳が見つかります。白神岳と名が付く山はこの二ヶ所しかありません。
　この東征では出発地と到着地に同じ名をよくつけています。この白神を船隊が北海道に渡った足跡とすると、北海道側が到着地であるので船隊が帰還の折に北海道に渡ったとする、仮説の補強になります。しかし、秋田野代の安東氏が北海道に渡っているので、決定的証拠とはなりません。

　松前町の松倉山を訪ねました。松前の由来は藩主・松前氏によるもので、松倉山は松前氏と無関係のようです。小さな川沿いの道を遡ります。川に沿って田んぼもあります。しかし、3kmも進むと家も田んぼも失くなり、原始林の中の道の風景に変わります。
　熊がいつ出てきても不思議ではありません。ナビを頼りに、わずかに開けた前方に松倉山らしき山を見つけ撮影しました。
　東征隊がこの山中に入り名づけたのであれば、大変な藪漕ぎで、熊との戦いだったかも知れません。

　日本書紀では、古墳時代が終わった飛鳥時代の斉明天皇の条で、飛鳥にやって来た東

写真79　松倉山方角

国各地の蝦夷を、たびたび饗応したと記しています。さらに将軍・阿倍比羅夫は、658年に水軍180隻を率いて蝦夷を討ち、樺太まで進んだとあります。日本武尊東征から、300年ほどの時が流れていますが、その間の記録はなくとも東征時に残置した人、後で派遣した倭人もいて、様々な北の大地の夜明けの歴史を刻んだと考えます。

上ノ国町の松倉山

西の海岸沿いの国道を北上すると、上ノ国町の松倉山が地図にあります。海岸線から8kmほどの距離ですが、近づく道もなく迫る山の向こうで麓に立つことはできませんでした。

写真80　松倉山方角

ナビで確認すると、写真80の方角9kmほどにあるのですが、カシミール3Dによれば、この清部大橋付近からは見えないことが分かりました。なぜこんな道もない山中の山を、松倉山としたのでしょう。近くには上ノ山ではなく神ノ山や初神山と神のつく山が見つかります。天の川までが見つかります。

上ノ山町には夷王山（159m）という山があります。夷は征夷大将軍の名があるように、異民族を表現しているので蝦夷の人達が付けた名ではありません。山には館跡や居住した人達の墳墓群が残りますが、その中にアイヌの人達の墳墓もあります。

せたな町の松倉山

せたな町の松倉山も姿を見ることはできませんでした。

写真81は海岸を進んだ先にある太田山（485m）です。中央右で猿田彦神を祀る太田神社があります。海岸から急こう配の参道が山頂下の洞窟

写真81　太田山

に続いていて、かの円空上人もここで仏像を刻んだとありました。松倉山はこの太田山の尾根続きで5kmほど内陸にあります。

三山いずれの松倉山も形が良いから、名づけた山ではないことが分かりました。その位置が大事だったことが見えてきます。

小樽・札幌・江別へ

小樽の町の東に石倉山が見つかります。もし東征隊が名づけたなら、きっと理由があるはずです。アイヌ語で「カムイの住む場所」という意の「神居古譚（かむいこたん）」という断崖の上にありました。

札幌では天神山と大倉山を訪ねました。アイヌ語でなく和語であることは分かりますが、古い名前なのか明治の開拓の中での名づけなのか、全く手掛かりはありませんでした。

次に訪ねた江別古墳群は、千歳川が石狩川に合流する地点の、西3km付近にあります。野幌丘陵という台地が千歳川の西に広がっていて、その北端にあり石狩川を通じて交易のしやすい地点と言えます。

おいらせ町の阿光坊古墳群と同じ、直径10mほどまでの円墳が集まる風景の末期古墳群です。飛鳥時代から平安時代の古墳な

第3部　飛ぶ鳥の明日香

ので、日本武尊が東征したと思われる、300年代後半から、300年以上後の古墳と言えます。東北・北海道には弥生時代がなく、代わりに縄文文化が続くので、続縄文文化〜擦文文化・オホーツク文化と変化します。

またこの江別古墳群から出土した遺物には、本州からもたらされたと思われる須恵器、鉄鏃、刀子（短刀）、鋤先などがあったので、被葬者については、東北地方からの移住者という説もあるとのことです。

日の本、唐子、渡党

驚くことがあります。1356年に書かれた『諏訪大明神絵詞（えことば）』に北海道の蝦夷に日の本、唐子、渡党の三種がいると記載があることです。「日の本」は北海道の太平洋岸に居住し、唐古の唐は樺太の樺のことで、北海道の日本海沿岸から樺太にかけて居住している人達、また渡党は渡島半島地域に居住する人で、津軽地方と交易していた人達とのことです。

「日の本」を北海道の東、日の出る方向にあるから日の本なのだろうという解説には、簡単に納得できません。日本武尊が東北町の石坂に刻んだ文字が「日本中央」だからです。

東北北部で倭人と混血した蝦夷達が、坂上田村麻呂などの征夷から北海道に逃れていても不思議ではありません。居住地が北海道の太平洋岸であることも、納得材料です。「日本中央」の4文字や残置された倭人の影響は、数百年の経過で様々な形で残されたと考えます。

松倉山の謎解き

　旅の中で古代の、北海道遠征の痕跡を見つけることは至難のことで、帰宅後もう一度考えることが大事です。

　松倉山が海岸からよく見える形の良い山でなく、山中に入った見えない山であることが、旅の中で分かりました。その位置でなくてはいけなかったからで、何かを指し示す、日本武尊東征のパターンと同じです。

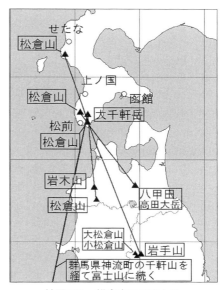

地図 71　松倉山のベクトル

　そこで、三つの松倉山を線で結び伸ばしてみました。地図 71 のようになりました。南端の松前町にある松倉山を中心に、本州の八甲田の高田大岳・岩手山・岩木山と結ばれました。

　カシミール 3D で山頂の風景を再現すると、眼下には到着地の白神岬が見え津軽海峡の先に、この三山が見えることが分かりました。岩木山はその南にある松倉山と、対で指し挟んでいました。

　また、驚くことがありました。渡島半島の下端、松前半島の主峰、大千軒岳（1072m）も倭名と思われ、東征隊が名づけたかも知れません。そう考えると、千軒の名は富士山の浅間神社を連想します。

　もしかすると富士山に結ばれているかも知れないと考えたので

第3部　飛ぶ鳥の明日香

図28　松倉山から見た東北の三山

す。結んだ線上、群馬県の人口2000人の小さな町、神流町(かんなまち)に千軒山（772m）があったのです。偶然ではこうはなりません。

　渡島半島に渡った東征隊の人達は、日本武尊の利根川の渡りに参加しているので、この時、大千軒岳の位置情報を得て、甲斐から秩父を経て武尊山に向かう途中で名づけは可能になります。これだけの長距離の直線は目視や鏡の利用ではできないので、数値情報から計算により、はじき出したものであることが分かります。

　富士山こそ日の本中央と考えた、日本武尊の富士山へのこだわりが、東征隊が北海道に渡っていたことを証明したのです。この旅や同名同種の山の研究が無駄でなかったことに感慨を覚えます。

　考古学でも文献学でも、この発見をすることは不可能です。この山の研究だけが、東征隊の思いや活動を見つけることができ、この研究がなければ永遠に歴史の中に埋もれることになったかも知れません。

第 2 章　北への旅

石倉山

　小樽の石倉山は最北端の○倉山です。もしこの山も東征隊の名づけならば、北端のこの山に思いを込めないはずがありません。東征隊は、どんな方法でその思いを残すことができたのでしょう。その方法を考えてみました。

　1) 山の名にその思いを託す。
　2) 山頂に銅鏡などを遺す。
　3) 松倉山のように、本州の石倉山と組み合わせで思いを描く。
　などが考えられます。

　3) の方法で北端を表すには、△印や↑の形が思い浮かびます。そこで、全国の石倉山を抽出し調べることにしました。すると、全国に 11 の石倉山があり、西日本には 1 山のみで、東日本に多くあることが分かりました。

　多くの石倉山を過去の旅で訪ねていますが、なぜこの山が石倉山なのだろうという山もありました。その分布図を作り結んでみると、また驚く結果となりました。

　矢印が描かれていたのです。しかも、二つの底辺を持つ三角形で、一つは岩木山を下辺左方の頂点としていました。また、ここを通過する左の辺が、富士山ま

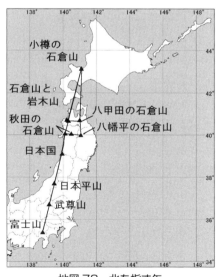

地図 72　北を指す矢

265

で続いていて、日本国・日本平山・武尊山・富士山を結んだ直線とつながったのです。

なんということか、大地に刻んだこの壮大な絵文字、言葉を失います。確かに、これを残した船隊は、日本武尊隊の佐渡への渡りを支援していたので、日本国や日本平山の位置情報を持っていて、小樽の石倉山の場所を選択することは可能な前後関係です。

古代、約1700年もの昔、このように建国の証を、大地に刻んだ国があったでしょうか。感動でその偉業を称えようもありません。

惜しまれるのは、日本武尊が帰還の途中、賊の矢に倒れたことです。無事に帰還がなっていれば、また別な歴史を刻んだと思い、その仮定の歴史を想像して悔やまれます。

白鳥はどこに向かったか

話題はやや飛びますが、日本武尊は帰途、伊吹山の麓で賊の毒矢を脚にうけ、彷徨のすえ三重の能褒野(のぼの)で亡くなります。その亡骸は日本コバ、御在所山で指し示す、鈴鹿市加佐登の白鳥塚に葬られたと思われます。この葬送の時、陵から白鳥が飛び立ち、これは命が白鳥になったと思い、后や御子達は白鳥を追いました。

白鳥は倭の琴弾原（奈良県御所市富田）に留まったが、さらに河内に行き古市邑（大阪府羽曳野市軽里）に留まりました。それからついに高く飛んで、天に上ったと日本書紀は記します。

白鳥を追うことなど、とてもできないことですが、それでも生まれ里の大和に戻ったと記したことは理解できます。ところがさらに大和を越えて羽曳野に進んで、天に上ったと考えたところに謎がありました。これは白鳥を追った人が、日本武尊の心の軌跡

をたどったためと考えます。

　そして見えた心の軌跡の先は、高越山でした。能褒野の白鳥塚から、羽曳野の白鳥陵を結んだ先が正確に、高越山になっていました。日本武尊は日頃、自分の東国東征は、国を生む中で倒れた伊邪那美命のおかげがあってのことと、感謝の気持ちを表明していたのでしょう。それを知る兵が、羽曳野まで白鳥を追ったと報告したのでしょう。日本書紀を作成した頃には、消えていた伊邪那美命の陵の場所が、この時はまだ正確に伝わっていたことが分かります。

帰途

　旅は宗谷岬まで進みました。宗谷では間宮林蔵が樺太に渡った船出の浜を見ました。北への探検は、この間宮林蔵による樺太が島であることを発見した1809年の探索が有名です。この探索に先駆けて最上徳内が1785年から、たびたび蝦夷地調査を行っていたことを知ったのは、何度目かの東北の旅で、山形県村山市の記念館を訪ねたときでした。日本武尊隊の船隊の北海道上陸は、この江戸末期の調査より、約1400年を遡ることになります。

大山を訪ねる

　帰途では、訪ねたい同名・同種の山がありました。一つは大山です。国生みの中で生まれた大山津見神は、木花佐久夜比売の父で、出雲にも登場するなど古代で活躍したことが分かる神です。豊受大神の祖父であることも分かったばかりです。ところが、実際の業績が見えてきませんでした。

第3部　飛ぶ鳥の明日香

第1部の国生み編で挙げた地図37は、全国の大山の分布です。大山津見神は日本列島を北から歩いて縦断し、各地に大山を残した神ではと推測していました。そこで、東日本の大山を訪ねようと考えたのです。

写真82　紋別山（大山）

最北の大山は北海道の紋別山（334m）が別名、大山です。この大山が大山津見神の足跡ならば北海道一周もあったのではと想像します。北海道では日高の大山も訪ねましたが、日高山脈の中で近づくこともできませんでした。遠くからやって来て、なぜこのような山中に、大山を名付けなければならなかったのでしょう。

大山津見神とは無関係かと思えてきます。北方領土問題の択捉島にある大山は、訪ねることもできません。

本州に戻り津軽半島の中泊町の小泊漁港の脇にある、大山長根（76m）を訪ねました。（写真83）小さな山の中には、神明宮がありました。日本海を船で北上してきて、津軽海峡を見て大倭豊秋津島が島であることを確認し、大山津見神は、ここから本州の南下を始めたとしても納得できる場所です。しかし分布図からはどのように南下したかは見えてきません。

日光の山中にも見つかり、南下の経路に残した山ではな

写真83　小泊の大山長根

さそうです。その後も東北の大山を訪ね巡り、あきらめの境地で帰宅しました。各地の大山の分布が頭に浮かぶようになって、はっと気づいたのが、北部九州にある大山3山が、直線配置かも知れないと考えたことです。地図に直線を引くと、天照大御神が朝倉に進んだことを示す、平原と麻底良山を結んだ線と並行です。これは立春の日の出の方角でした。地図43です。

日本列島の形状認識

これをきっかけに、いくつもの直線が見つかり、大山の配置は日本列島の形を表現していることが分かりました。

西日本を挟む平行線は、夏至の日の出方角を指し示します。日本海側の直線は、馬渡島の大山—加賀市の大山—三条市の大山に至ります。南側は高千穂峰—裸国と比定した鳥羽の菅島の大山—渥美半島の大山—静岡市の大山—伊勢原市の大山です。この平行線が、魏志倭人伝が記す、会稽・東冶から伸ばした62度の平行線とつながったことが驚きです。(地図9)

魏志倭人伝はこの大山津見神の測量結果を聞き、倭人伝に記載したと思われます。

東日本は、富士山—山形県大江町の大山—岩手県八幡平市の差鳥

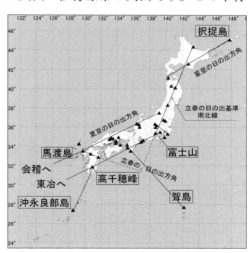

地図73　大山が記録する直線

第3部　飛ぶ鳥の明日香

大山―紋別の大山までの長い1本線です。列島の中央を走る背骨を記録したように見えます。それも富士山をポイントにして、本州の屈曲点は富士山と認識していたことが分かります。東西の海岸線までの距離が、ほぼ等しい位置に大山を設定しています。

　北海道の直線は、択捉島の大山―日高の大山を結んだ直線で、渡島半島の南端に伸びているように見えます。これも夏至の日の出方角の直線です。西日本の平行線と同じ、夏至の日の出方角ですが、緯度が高いので平行に見えません。

　小笠原の聟島の大山は、紀伊半島の二つの大山で指し示しているように見えます。渡海はこの潮岬付近が出発地だったのかも知れません。

　琉球列島にも進んでいたことが分かります。佐伯市山中の大山と結ぶことで、琉球列島の方角を記録したのでしょう。その線上に日之影町の地名の大山が見つかります。大山地名の最南端は沖縄本島にありました。

　大山津見神は単なる北からの徒歩での南下でなく、測量しながら、このような直線で列島の形を認識したことが分かります。1800年前の驚嘆に値する記録です。

　和歌山―阿波―吉備に続く大山の経路は、大山津見神が、伊邪那岐命の吉備開拓の中で帰還したことを示すものと考えました。10年を超える歳月だったと思います。

地名の大山

　大山は山の名でなく、地名としても見つかります。それも大山という山がない地域です。訪ねた浜松市の大山は、三ケ日の40mほどの台地が広がる風景の中、浜名湖にそそぐ花川の支流が侵食

した、谷にありました。（地図74）

この大山地名が、他の大山を結んだ線上ではないが、近いところにあります。地名であっても大山祇神が旅した時の名付けの可能性があります。無理や

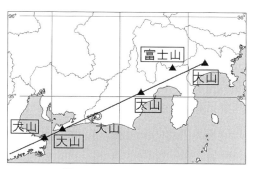

地図74　浜松の大山地名

り名付ければ、近くには129mの小さい山もあるので、大山の名付けは可能な風景です。しかし、この谷に名付ける必要があり、直線から外れているので、地名のみを残したように思えます。

そこで見えてきたのは、この大山が浜名湖の小さなフィヨルドのような湾奥にあることです。大山集落の中を流れる花川の下流側は和地の地名です。縄文人の中に倭人が、やっと住み始めた地域だったことが想像できます。

大山祇神がやって来たとき、台地上には、倭人がおらず名付けできなかったのでしょう。

五所川原の大山祇神社

驚いたことがあります。五所川原市の大山祇神社を訪ねた時です。神社の森の中に入ると、高さ10mほどの小山があり、その頂上に神社があったのですが、この小山全体が古墳のように見えたことです。神社の前は尾根道が延びていて、前方後円墳の前方部に見えました。全体の大きさを歩測すると約160mもあり、宮城県名取市にある雷神山古墳（全長168m）並みの大型古墳かも

知れません。

しかし古墳の表示がありません。たまたま参道の階段でお会いした方に、この古墳と思える印象を話すと「自分も古墳だと思っている」との返事です。はからずも、この方はこの神社の氏子総代をされている方で後に協力して、この古墳の広報活動をすることになりました。

まずは市の文化財担当を訪ね、この遺跡のような場所についての認識を訪ねました。「大山祇神社は、最北の前方後円墳のように見えるが？」の問いに、「あそこは中子遺跡の名があり、五所川原に多くみられる館跡と考えている」との回答でした。

あの小さな小山の上には館を建てるスペースもなく、生活できる地形ではありません。そのことなどを話すと「古墳を造った人達の集落跡がなく、古代大和の勢力は津軽平野に及んでいなかったので、古墳ではない」との見解でした。

考古学会の定説が新しい発見を拒んでいるように思えました。日本武尊東征の実態がようやく見えてきて、副将軍が遠征していたことも分かってきました。しかし、これは私の著書の中だけのことで、大方の歴史認識は、ヤマトタケルは何人かのタケルと呼ばれた人の話の集大成、あるいは日本武尊東征はいわきや北上市付近で引き返した程度の認識です。「津軽半島に古墳をつくるまでの影響を残した」認識になるまでには、相当の時間が必要と思われました。

それでも、もう少しこの古墳を調べようと、神社総代の方と相談し、旅から戻ったあと再び測量の準備をして訪ねました。たまたま得た情報で、その秋、弘前大学で考古学界の総会があり最終

第2章　北への旅

日に、バスで津軽平野を巡るとのことで、皆さんに立ち寄ってもらおうと考えた訳です。そのための事前調査です。

　後円部の1／3ほどが崩れて、前方部は車の道路になっていたりしていましたが、よく形は残っているほうだと思われました。後円部には、古墳によくみられる造り出しのような突起部もありました。決定的と思われたのが、古墳がもう一つ、道路を挟んで北側の林の中にあったことです。こちらは全長が80mほどで、1号墳のちょうど半分の大きさでした。調査報告書を次に添付します。

大山祇神社遺跡の調査報告書

中子遺跡への、立ち入り調査報告

1、はじめに

　中子（ちゅうし）遺跡を、調査することになった経緯である。2016年7月、古代を訪ねる旅の中、青森県五所川原市にある大山祇神社を訪ねた。（写真中央の森）　参拝後、階段で神社の総代に遇った。散策してきた印象が前方後円墳のように見えたので、そのことを話すと総代も、「私もそう思っている」とのことであった。

総代の話では、村には古代の窯跡や土師器、須恵器なども出ているとのことで、総代が大山祇神社を古墳と考える理由がそこにもあった。翌日、五所川原市を訪ねたところ、ここは中子遺跡と命名されていることが分かった。平安時代の館跡と考えていると説明を受けた。古墳時代の大和の影響は、津軽平野に至っていないとの考えが現在の定説となっているとのことである。たしかに五所川原市付近には館跡とされる伝承地はいくつもあるが、この中子遺跡にはその伝承はないとのことである。総代と話し合いのうえ、この定説にこだわらず、この遺跡が館跡なのか、古墳時代の遺跡なのか、専門家の判断を仰ぐ必要があると考えた。そこで調査申請資料作成のため、立ち入り現状調査を行った。

第 2 章　北への旅

2、調査結果
　・調査日　2016 年 8 月 26 〜 27 日
　・遺跡名称　中子（ちゅうし）遺跡
　・所在地　青森県五所川原市松野木字中子
　・緯度・経度　北緯 40.800497　東経 140.514439

・中子遺跡の立地

　五所川原市は、津軽平野を北上する岩木川と、半島部の右半分を占める津軽山地との間に位置する、津軽地方の中心都市である。遺跡は市街地から東に約 6km 進んだ津軽山地の西端の微高地にある。付近には灌漑用の池が多数点在し、池を縫うように旧道が山地に沿って北に登っている。旧道に沿う松野木集落の上松野木バス停付近から、農道を山側に 150m ほど入ると、遺跡がある大山祇神社の鳥居が見えてくる。山地に続く微高地の遺跡は北の松野木川と南の神山川に挟まれている。市街地は標高 8m の低地であるが、遺跡周辺は標高 30m あり、稲作が行われている。

・周辺の館遺跡

　平安の国司や南北朝の土豪の防御的な住居を館（たて、やかた、たち）などと呼び、東北地方に多くみられる。土盛や堀があったりして、土地

の造形という面では古墳と似ている。中子遺跡付近にも、図のように名のついた館跡が点在している。ただ、前述のように中子遺跡には館の伝承や名は残っていない。

・遺跡山上の大山祇神社に関する聞取り調査（長尾昭神社総代より）

いつ頃からかあったか不明な、神仏混合の寺が山上にあった。明治初期の神仏分離の通達により、遺跡の西下を平にならして、寺を移築したがその後、別なところに移転して今、そこは杉林となっている。もともと山上にあった権現の祠も西下に降ろされた。祠は現在も残されている。山上の大山祇神社はその後に、勧請されたものである。

・外形調査

大山祇神社のある小山の形を、できる限り測量してみることにした。専門の機器がないので100mの紐を張って、水準計、角度計、巻尺など、身近なものでの測量となった。全体外形はネット航空写真地図の森の形からとった。

古墳と思われる小山は二つ、南北にあった。いずれも前方部を南に向けている。南の小山が大きく、1号墳（全長約160m 幅80m）とした。北側の小山は2号墳（全長約80m 幅40m）とした。今回は主に1号墳についての調査結果である。1号墳は杉木立の森の中の小山であった。写真の杉木立の中に、陵線が見える。

第 2 章　北への旅

　コンクリートの石段 63 段を登ると、踊り場の向こうは、また反対側に落ちている。左右の南北に長い小山であることが分かる。左は小さな広場となっていて、二つの鳥居の

向こうに神社の拝殿と、その後ろに小さな神殿がある。踊り場から右は幅 5m ほどの長い尾根が続いている。
　車が登れる道になっていて、少し曲がりくねっているが、全体としては直線である。神社を建てる時に道にしたとのことである。

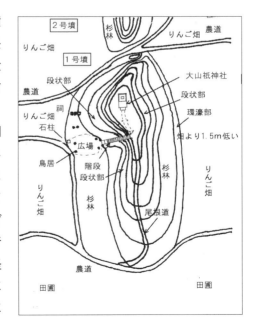

　杉林全域が神域で古墳の領域と考えると、全長約 160m、幅 80m と大型の古墳といえる。前方部が約 90m である。後円部の東側が長年の間に崩れがあったようにみえる。したがって神社はやや西寄りに建てられていて、前方部の向きとズレが見られる。崩れと考えて後円部頂上部の円径を推測すると約 40m になった。階段下を基準に

277

第3部　飛ぶ鳥の明日香

高さを測ると約 11 ～ 12m である。
　西側の階段は、前方部と後円部の境付近に取り付けられている。その階段部の南の前方部裾に、段状の平たん部が見られる。また、後円部の東と西に棚段部があるように見える。後円部の北側に尾根長さにして約 20m の突起がある。前方部と方角は一致しておらず、やや北東に突き出ている。神域の東はリンゴ畑となっているが、その畑から突然 1.5m 掘り下げたように段違いとなっていて、環濠とも思える外観である。落ち葉などの堆積物の厚さは 50 ㎝ほどもあって、遺物探索は行っていない。　　　以上

　　　　　　　　　　　　　　作成日　2016 年 8 月 28 日

鳥屋山と同種の山

　帰途、もう一つ訪ね歩きたい山がありました。邪馬台国の都（高天原）、現在の朝倉市に鳥屋山があります。第 1 部で記したように、麻底良山を指し残す山の一つでした。この鳥屋山と同種の山ではと思われる山が、各地に残されているように見えてきていました。その候補は表 11 で高戸山・戸屋山などがあります。東日本に多くあります。日本武尊東征での名づけに思えてきました。

地図 75　高戸屋山の直列

第 2 章　北への旅

　そのきっかけは、山形県の南陽市付近にある六つの鷹山にありました。その中の鷹戸屋山と近くの川西町に見つかった高戸屋山を結んで延長を試みたところ、北方向に白鷹山、高取山とつながり、最北が秋田県湯沢市の同じ、高戸屋山だったからです。（地図75）
　なぜこのような直線を引く必要があったかは、未だ解けていません。

表11　鳥屋山と同種の山

No	名前	備考	標高 m	緯度	経度
1	鳥屋山	福岡県朝倉市佐田	645	33/26/08	130/48/06
2	鳥屋山	宮城県栗原市栗駒沼倉	281	38/53/16	140/56/08
3	鳥屋山	宮城県大崎町鳴子温泉	449	38/42/12	140/45/58
4	鳥屋山	福島県西会津町東松	581	37/35/04	139/42/35
5	戸屋山	茨城県大子町槙野地	565	36/50/59	140/17/26
6	戸屋山	栃木県那須塩原市鹿野崎	352	36/57/59	139/59/08
7	戸屋山	福島県南会津町白沢	1134	37/08/39	139/32/37
8	戸屋山	福島県只見町蒲生	788	37/23/57	139/20/27
9	戸屋山	新潟県阿賀町東山	581	37/34/60	139/32/31
10	戸屋山	福島県南会津町深沢	969	37/17/04	139/33/24
11	西戸屋山	新潟県十日町市清田山	718	36/59/11	138/43/18
12	石ケ戸屋山	島根県浜田町金城町小国	537	38/08/48	140/34/51
13	登谷山	埼玉県東秩父村大内沢	668	36/04/57	139/09/22
14	高登谷山	長野県川上村原	1846	35/56/12	138/34/02
15	鷹戸屋山	山形県白鷹町畔藤	793	38/08/45	140/07/34
16	鷹戸屋山	宮城県利府町青郷内	130	38/20/25	140/58/52
17	高戸屋山	秋田県湯沢市皆瀬	797	39/03/19	140/40/24
18	高戸屋山	山形県川西町上小松	368	37/58/55	140/01/29
19	高戸屋山	奈良県上北山村白川	606	34/06/47	135/59/29

第3部　飛ぶ鳥の明日香

20	高戸谷山	長野県小川村瀬戸川	581	36/50/47	140/15/28
21	高戸谷山	群馬県安中市松井田町土塩	581	36/50/47	140/15/28
22	高鳥谷山	長野県豊丘村河野	890	35/33/43	137/57/37
23	高鳥谷山	長野県飯田市山本	1331	35/46/40	138/00/34
24	高鳥谷山	岩手県二戸市下斗米	537	38/08/48	140/34/51
25	高登屋山	山形県大江町所部	309	38/21/48	140/08/48
26	高鳥屋山	山形県大江町小清	675	38/19/23	140/04/10
27	高鳥屋山	岐阜県高山市上宝町長島	1247	36/16/49	137/25/06
28	高鳥屋山	長野県阿智村清内路	1398	35/30/06	137/44/21
29	二方鳥屋山	栃木県日光市五十里	1262	36/57/03	139/43/58
30	金石が鳥屋山	福島県金山町山入	970	37/20/00	139/25/47
31	夜蚊鳥屋山	山形県小国町西滝	968	37/55/23	139/45/33
32	鶴ケ鳥屋山	山梨県都留市大幡	1374	35/34/55	138/50/29
33	大鳥谷山	宮城県蔵王町円田	537	38/08/48	140/34/51
34	鳥屋山	宮城県亘理町逢隈小山	142	38/04/01	140/50/09
35	大鳥屋山	栃木県佐野市水木町	693	36/28/33	139/31/35
36	大戸屋山	群馬県沼田市上発知町	969	37/17/04	139/33/24
37	鷹戸山	山形県南陽市金山	618	38/05/59	140/10/53
38	高戸山	茨城県大子町佐貫	581	36/50/47	140/15/28
39	高戸山	長野県白馬村北城	1069	36/41/47	137/53/29
40	高戸山	岐阜県恵那市串原	795	35/14/35	137/25/50
41	高登山	長野県飛騨市河合町元田	1297	36/16/16	137/03/47
42	高戸山	愛媛県松山市由良町	117	33/54/20	132/40/05

緯度、経度は「世界測地系」の北緯・東経を度／分／秒で表しています。

高戸屋山

帰途、いくつかの高戸屋山や高戸山などを訪ねました。

写真84は、秋田県湯沢市にある高戸屋山です。岩手県栗原市に向かう国道398号近く、山中にあります。

第 2 章　北への旅

　それでも、稲作が可能な高原地帯で麓には集落がありました。

　東征隊の中の山名付け隊はここなら、人の残置をしても生活が可能で、山名が残ると考え、この山を選んだのかも知れません。この秋田県を東征したのは、穂積忍山宿禰隊で、この時は山形県の鷹戸屋山などの位置情報を持っていないので、高戸屋山の名付けは、後に人を派遣して名づけたことが分かります。

写真 84　湯沢市の高戸屋山

写真 85　川西町の高戸屋山

　次の写真 85 は、山形県川西町の高戸屋山です。写真中央の谷奥 1km ほどにある山です。ナビでも特定が困難な低い山でした。畑仕事中の人に、あの方なら知っていると聞き訪ねてみると、黙って家から軽トラを出してきて、ここなら見えると案内してくれた場所です。先祖代々この谷間で生活してきた数軒の人達が、この山名を記憶してきたことが想像できました。この山を愛する人がいて、そしてこの山を訪ねてきたことに驚いて、案内してくれたのでしょう。東征隊にとっては、山を結ぶ直線の維持に小さく目立たない、この山の位置が、山名の保存のためにベストだったのでしょう。

　表 11 の同種の山すべてを訪ね、解読できたわけではありませ

ん。しかし、東征隊にとっては、無意味に名付けた山は一つもないでしょう。100km以上も、戻りやって来た山中の多くの山の位置を測定し、保存することまでを考えて名づけた、その計り知れないエネルギーに感動します。

　その山の名づけの理由が解けた時の感動は、歴史ロマンそのものです。まだ多くの高戸山や戸屋山などを未解決のまま残したのは、解読困難もありますが、読者が謎解きに挑戦し、感動を味わってもらいたいからです。結んだ直線が何を指し示しているのか、判断する困難がありますが、きっと、これまで記してきた日本武尊東征の足跡や地方随一の山が見つかると思います。
　そして、その山が家から近ければ訪ねてみることをお勧めします。登らなくてもよく、古代人が名づけたと思われる、山が良く見える場所に立ってみることで、日本の国づくりにかけた、古代人の熱い思いを感じることができるでしょう。

若き人へ
　ここまで、同名・同種の山々を情報として、古代を研究してきました。鳥屋山とは一見、同種とは思えなかった山にも、古代人の思いが託されていました。10山以上ある同名の山は全国に100以上があります。千軒岳・千軒山・大千軒・前千軒のように、共通の「千軒」で同一名称山と考えればさらに増えます。そして千軒山のようにたった4山しかない同名の山にも、思いは託されていました。
　旅の中、訪ねた山の近くに頻繁に、鷹の巣山や虚空蔵山を見つけました。もしかすると、この山々は後に山野を駆けた山伏達が、

第 2 章　北への旅

古代人の名付けた山々を発見し、先人の英知に畏敬し名付けた山と考えたりしました。

　仮説を設定し山を訪ね、そして考えることで古代人の思いをまた発見できるでしょう。記紀がすべてを記していないことは明らかです。また、誤りはあったかも知れないが、故意にねつ造したという考えは捨てて、真摯にその記述の真実を現在の地図の中に、探し求めてほしいと思っています。

第3章 「国生み時代」の提言

津田左右吉

　第2次大戦後の日本の歴史研究に、多大な影響を及ぼした津田左右吉（1873～1961）という歴史学者がいました。古事記・日本書紀を史料批判の観点から研究しています。記紀の記述が後世に偽造や改変を受けたものかどうかや、記述の錯誤や虚偽を検討し真実を見出す研究方法です。その結果見えてきた上代の歴史を次のように記しています。

津田が考えた上代史

　キュウシュウ地方の諸小国とシナ人とのこの接触は、一世紀、二世紀を通じて変わることなく行われたが、その間の関係は時が経つにつれて次第に密接になり、シナ人から得る工芸品や知識やがますます多くなるとともに、それを得ようとする欲求もまた強くなり、その欲求のために船舶を派遣する君主の数もおおくなった。鉄器の使用もその製作の技術もまたこの間に学び始められたらしい。
　ところが、三世紀になると、文化上の関係がさらに深くなるとともに、その交通にいくらかの政治的意義が伴うことになり、君主の間には、半島におけるシナの政治的権力を背景として、あるいは付近の諸小国の君主に臨み、あるいは敵対の地位にある君主を威圧しようとするものが生じた。ヤマト（邪馬台、今の筑後か山門か）の女王として伝えられているヒミコ（＊卑弥呼）がそれである。当時、この（＊邪馬台）の君主はほぼキュウシュウの北半の

第3章 「国生み時代」の提言

諸小国の上にその権威を及ぼしていたようである。

　キュウシュウ地方の諸君主が得たシナの工芸品やその製作の技術や、その他の種々の知識は、セト（＊瀬戸）内海の航路によって、早くからのちのいわゆるキンキ（＊近畿）地方に伝えられ、一、二世紀の頃にはその地域に文化の一つの中心が形づくられ、そうしてそれには、その地方を領有する政治勢力の存在が伴っていたことが考えられる。この政治勢力は種々の方面から考察して、皇室の御祖先を君主とするものであったことが、ほぼ知り得られるようであり、ヤマト（＊大和）がその中心となっていたであろう。それがいつからの存在であり、どうして打ち立てられたかも、その勢力の範囲がどれだけの地域であったかも、またどういう経路でそれだけの勢力が得られたかも、すべて確かには分からぬが、のちの形勢から推測すると、二世紀頃には上にいったような勢力として存在したらしい。その地域の西南部は少なくとも今のオオサカ（＊大阪）湾の沿岸地方を含んでいて、セト内海の航路によって遠くキュウシュウ方面と交通し得る便宜をもっていたにちがいないが、東北方においてどこまで広がっていたかは、知りがたい。

　この地域のすべてが直接の領土としてはじめから存在したには限らず、あるいは、そこにいくつかの小国家が成り立っていたのを、いつのときからかそれらのうちの一つであったヤマト地方の君主、すなわち皇室の御祖先がそれらを服属させてその上に君臨し、それらを統御するようになり、さらにあとになってその諸小国を直接の領土として収容した、というような経路がとられたでもあろう。

　三世紀にはその領土が次第に広がって、西のほうではセト内海の沿岸地方を包含するようになり、トウホク（＊東北）地方でもか

第3部　飛ぶ鳥の明日香

なりの遠方までその勢力の範囲に入ったらしく想像せらるが、それもまた同じような道筋を経てのことであったかも知れぬ。しかし具体的にはその情勢がまったく伝えられていない。ただイヅモ（＊出雲）地方にはかなり優勢な政治的勢力があって、それは長い間このヤマトを中心とする勢力に対して、反抗的な態度をとっていたようである。

　さて、このような、ヤマトを中心としてのちのキンキ地方を含む政治的勢力が形づくられたのは、一つは、西のほうから伝えられた新しい文物を利用することによって、その実力が養い得られたためであろうと考えられるが、一つは、そのときの君主の個人的の力によるところも少なくなかったであろう。いかなる国家にもその勢力の強大になるには創業の主ともいうべき君主のあるのが、一般の状態だからである。そうして険要の地であるヤマトと、豊沃で物資の多いヨドガワ（＊淀川）の平野と、海路の交通の要地であるオオサカの沿岸とを含む、地理的に優れた地位を占めていることがそれからのちの勢力の発展の基礎となり、勢力が伸びれば伸びるにしたがって君主の欲望もまた大きくなり、その欲望が次第に遂げられて勢力が強くなってゆくと、多くの小国の君主はそれに圧せられて漸次服属してゆく、という情勢が展開せられてきたものと推測せられる。

　しかし、三世紀においては、イヅモの勢力は帰服させることはできたようであるけれども、キュウシュウ地方にはまだ進出することはできなかった。それは半島におけるシナの政治的勢力を背景とし、キュウシュウの北半における諸小国を統御している強力なヤマト（＊邪馬台）の国家がそこにあったからである。

　けれども、四世紀に入るとまもなく、アジア大陸の東北部にお

第3章 「国生み時代」の提言

ける遊牧民族の活動によってその地方のシナ人の政治勢力が覆され、半島におけるそれもまた失われたのでヤマト（＊邪馬台）の君主はその頼るところが失くなった。東方なるヤマト（＊大和）の勢力はこの機会に乗じてキュウシュウの地に進出し、その北半の諸小国とそれらの上に権威をもっていたヤマト（＊邪馬台）の国とを服属させたらしい。四世紀前半のことである。

資料批判の結果

　以上が津田により上代と比定した崇神天皇以前について、記紀を史料批判する方法で研究した歴史です。記紀の神代の記述は影形が失くなっていて、独自に想像した歴史と思われます。本人も文中で「しかし具体的にはその情勢がまったく伝えられていない。」と述べているように、合理的な証拠が全くありません。記紀が記す歴史の過程と異なる過程を、どんなに想像してみても、このような概要しか生み出せないことが分かります。一方、記紀には真実を知る者の秘密の暴露が満ち溢れています。これを想像で創るなどは不可能であることが、津田の上代史と比較すれば分かります。

　津田は、記紀が記す神代の記述について、神は人でなく空想の人物なので、人の歴史ではないと断じています。現代と古代では表現方法の文化が異なることを無視しているのです。神武による東征の記述も、神から人の時代への物語転換のための創作としているから、それ以前の「天孫降臨」も「国生み」も採用できないのは当然の帰結です。

　皇室の御祖先は近畿のヤマト（＊大和）で勃興したとし、卑弥呼

のヤマト（＊邪馬台）とは別物としていますが、偶然に同じヤマトが生まれるはずもなく、その合理的な説明が必要ですが何ら言及していません。二つのヤマトの合理的説明には、倭国の東征あるいは東遷しかありえないのに、創作としたため収拾できなくなっているのです。

資料批判の何が誤りだったのか

　記紀の記述に矛盾や不合理な記述があるのは確かです。これを先学の新井白石や本居宣長は比喩と考え、あるいは、ここには事実があって、伝承の間に伝説としての色彩を帯びてきたと考え研究しているが、津田は浅薄なラショナリズム（合理主義・理性主義）だと批判しています。

　記紀の記述の中に、元となったできごとがあったかも知れないと考えるのは、自然な研究態度と考えるが、これを否定してしまっては古代の歴史研究は成り立たなくなります。遺物・遺構から歴史を研究する考古学のみでは、人のつながり、移動など建国の過程は何も見えてきません。

　一つ例えば、記紀を読み始めて、まず気がつくのは神武東征で水先案内を務めた椎根津彦（古事記は槁根津彦）が、古事記では明石海峡付近の速吸門に現れたと記し、日本書紀では豊予海峡の速吸之門に現れたと記す矛盾です。

　津田はこれを「何人も知っていなければならぬハヤスヒの門の所在にあんな錯誤のあることも、『古事記』のもとになった『旧辞（筆者注：記紀以前に存在したと考えられる歴史書の一つ。現存しない）』が何人かの手によって変改を加えられていたためで

あろうと思われるが、ナガスネヒコの誅伐が書いてないのは、一層その疑いを深めるものである。」と評しています。

　文中、錯誤を変改に変えてしまっているが、錯誤は勘違いのミスであり、変改は故意に変え改めることで明らかに異なるものです。さらにナガスネヒコまで加筆する文体は、むしろ津田に故意の悪意批判があるように見えます。通常であれば錯誤した原因を検討してみるものです。歴史を研究するのであれば、歴史をつくった先人に、まず敬意が必要と考えます。

　ナガスネヒコについての津田の評は次の通りです。
「（しかし『日本書紀』のナガスネヒコの最後の物語は、あまりに迂曲な、また複雑な話であるから、これも原型であるらしくは見えぬ）。」

　遠まわしで、複雑な話だから加筆・改ざんがあったと考えることは、合理的判断と思えません。その他でも、古事記に記載がなく、日本書紀に記載がある場合、加筆・改ざんがあったと多くの場所で判断しており、理解できません。

　古事記は、各氏族伝来の歴史書を取捨選択して、一つの歴史物語にまとめたものと考えます。たとえば、先の椎根津彦が神武を迎えた記述ですが、古事記の作者・太安萬侶は椎根津彦が丹波の火明命の末裔であるから、迎えた場所を丹波に近い吉備より後の行程、明石海峡付近と考えたのでしょう。一方、日本書紀では、一書にある速吸之門の記述を無視することができず、東征出発まもない豊予海峡としたのでしょう。

　これは改ざんでなく、錯誤でもなく取捨選択の問題で、さらに判断を後世に残した配慮と考えます。

第3部　飛ぶ鳥の明日香

現代の歴史研究への影響

　津田の古事記・日本書紀否定の考えが個人の説に終わればよかったのですが、これが戦後日本の歴史研究の土台となってしまって、良くない影響が続いています。記紀の記述が、第2次大戦時の軍部によって、戦闘鼓舞に利用されたことに対する、反動として戦後この津田説に大きく傾いたからです。記紀の内容に非があるのでなく、利用した軍部に問題があったと考えるべきです。
　津田の説に近い、邪馬台国近畿説が戦後70年を経ながらも、研究に進歩がなく建国の過程を導き出せていません。

　この影響は、公的な社会の隅々にいきわたり、各地の歴史民俗資料館や博物館が、歴史である地元の神武東征伝承や民族的祭りと合理的な説明がつかない説明を、国民に行っているのです。
　歴史資料館を訪ね、同名・同種の山々の研究結果を話すと、即座に否定の言葉が返り、いかに今の近畿説にこだわっているかを思い知ります。そこには、生活が懸かっていて教わった教授や、先輩の説を否定することができない事情が見えてきて、学会の上部からの改革が必要に思います。
　今回の研究で見つかった、伊邪那美命・伊邪那岐命の名前が、魏志倭人伝に登場するクニから、1文字ずつ採った名であることを、歴史研究会で話したことがあります。すると、どのように毒されたのか分かりませんが「藤原氏によって仕組まれたのだろう」という意見でした。議論する価値もなく、黙った記憶があります。
　考古学が、日本の歴史書を無視しての発展はありません。考古

第3章 「国生み時代」の提言

学は歴史を創造するのでなく、記紀が記す歴史を裏付ける研究であるべきです。発掘される遺物には、真実の歴史と一かけらも整合しないものはありません。

どのようにしたら歴史研究を変革できるのでしょう。私に力はありませんが、提案することはできます。「新しい酒は新しい革袋に盛れ」の格言があるように、新しい形式を作ることで、新しい歴史研究の時代に入るよう、次の提言をしたいと思います。

「国生み時代」の新設提言

日本の古い時代区分に、縄文時代、弥生時代、古墳時代、飛鳥時代とあって、歴史を理解するうえで役立っています。ところが古墳時代がいつから始まったかの判断はむつかしいところがあり、3世紀後半あるいは4世紀からとされているようです。

この古墳時代が、弥生時代からいきなり誕生したのでなく、記紀が記す「国生み」という揺籃があったことが、同名・同種の山の研究で、見えてきました。そしてそれは日本書紀が記す神代の記述、古事記が記す上つ巻と分かりました。また古事記と魏志倭人伝とのリンクの発見で、この記録された国生み揺籃が、2世紀後半に始まったことも分かりました。古墳時代が神武天皇時代からとすると、2世紀後半から3世紀後半の約100年が「国生み時代」です。

これに弥生時代と区分し、新しい時代名を名付けることで、日本の成り立ちや歴史を理解するうえで、大変役立つと考えます。

このような提言は、他の研究者も行っていて、この時代は石器と鉄器を併用していたことから「金石併用時代」の提言もありま

した。安本美典は「奴国の滅亡」の中で、当時の土器名から「西新式時代」または「庄内式時代」を提言しています。

　私は、一般の人に聞きなれない、土器名である必要はないと考えます。記紀の中に現れて、日本の揺籃の時代を的確に表現する、「国生み時代」を提言したいと思います。

　日本の歴史の記録が、戦乱を収束するため五国の代表が、話し合ったことで、始まることが分かりました。今に続く国の歴史が革命や戦いによる国盗りでなく、素晴らしい話し合いが始まりだったことは、誇りにすべきことで、時代の区切りとするに価値ある内容です。そして若い二人を開拓に送り出し、統一倭国の王を生ませたスタートも、世界に類を見ない古代らしい国づくりです。

　また国づくりの基本として日本列島の形を認識するため、若者を大冒険に送り出し、北海道から択捉島、小笠原諸島、琉球列島までの配置を認識させたのです。

　その後の国づくりも、覆らない国にするために出雲を国譲りの形で併合しました。話し合いで決めたことは覆ることがないことを知っていたのです。また東征により都を列島の中心に移したことも、それを決断した女王が、後の国づくりを男王に託し、自分は丹波の田舎にひっそりと身を引いた、その行いも感動の歴史でした。これらの歴史を埋もれさせてはいけません。

参考・引用文献

『古事記』倉野憲司校注、1991 年、㈱岩波書店
『日本書紀（上）全現代語訳』宇治谷孟、1998 年、㈱講談社
『たかとりが明かす日本建国』白崎勝、2010 年、㈱梓書院
『丘と岡が明かす天孫降臨』白崎勝、2016 年、㈱郁朋社
『最新「邪馬台国」論争』安本美典、平成 9 年、㈱梓書院
『忘れられた上代の都「伊都国日向の宮」』石井好　2002 年、㈱郁朋社
『風土記』秋本吉郎、昭和 45 年、㈱岩波書店
『草書体で解く邪馬台国の謎』井上悦文、2013 年、㈱梓書院
『日本古代文明の謎』井上赳夫、昭和 45 年、㈱大陸書房
『奴国の滅亡』安本美典、1990 年、毎日新聞社
『葬られた王朝』梅原武、平成 24 年、㈱新潮社
『「君が代」は九州王朝の賛歌』古田武彦、1990 年、㈱新泉社
『えひめの記憶』愛媛県生涯学習センター
『松山平野における弥生社会の展開』柴田昌児、2009 年、国立歴史民俗博物館研究報告
『「熊野の謎と伝説」澤村経夫、1981 年、工作舎
『第二回阿波古代史プロジェクト～天照大神生まれし阿波の橘』制作（有）東阿波ケーブルテレビ、YouTube
『萬葉集』青木生子他 5 名校注、昭和 51 年、㈱新潮社
『津田左右吉歴史論』今井修編、2006 年、岩波文庫
『古事記及び日本書紀の研究』津田左右吉、2012 年、毎日ワンズ

おわりに

　同名・同種の山をガイドとして、二つの東征から天孫降臨へと歴史を遡り、ようやく国生み・国譲りの概要を知るところまできました。多くの発見がありましたが、記紀が記す歴史の始まりが倭国乱を収束する話し合いであったことは、平和を願う日本人に大きな力と勇気を与えてくれます。
　伊邪那美命の事故の内容が少し見えてきたことも、国生みをより現実の物語にしてくれました。また日本武尊の遠征隊が、北海道に渡っていたことの痕跡を見つけたことも収穫でした。最後の最後に見つかった、大山津見神による、日本列島の形状認識の方法には驚かされました。

　古代人がいろいろな方法で、足跡を残そうと努力していたことが、津田左右吉の一方的な見方で否定し、今日のおおかたの歴史認識になったことは、憤りと共に悲しみさえも覚えます。
　思いもかけないことから始まった研究ですが単なる報告でなく、その結果から未来に託す「国生み時代」の提言も行いました。さらに世界が「うしはく国」から「しらす国」ばかりになれば、人類は良い方向に進むと思われます。世界の国々が、いまから君主国なることはできませんが、君主に代わる「人類の先達」を教育することはできます。日本が世界の国々から豊受大神と同じ13歳くらいの優秀な若人を集め、先達教育することで道は開けるかも知れません。古代の神々の英知に、現代の英知を加えて人類は進歩していきたいものです。

【著者略歴】

白崎　勝（しらさき　まさる）

福井市高木町に生まれる。（父　太左ヱ門、母　よん）
1962 年　三菱ケミカル（㈱となる前の三菱樹脂㈱に入社
冷却塔の研究・設計に従事する。上市製品「白煙防止型冷却塔」など
研究発表「冷却塔の省エネルギー運転（日本冷凍空調学会）」
ソフト「シミユレーション技法による冷却塔設計法」
大阪単身赴任中に近畿の古代を訪ねる
1995 年　阪神淡路大震災に遭遇し冷却塔・貯水槽復旧プロジェクトに従事する
2000 年　㈱ライト入社「多店舗ゲームセンターの日報管理システム」などを発表する
2010 年「たかとりが明かす日本建国」を発表する
2016 年「丘と岡が明かす天孫降臨」を発表する
2018 年「伊邪那美岐が明かす国生み」を発表する。

　現住所　〒 259 － 0113　神奈川県中郡大磯町石神台 3 － 1 － 6
　読後の感想などは上記へお寄せください。

田坂　恵津子　校正

伊邪那美岐（いざなみぎ）が明（あ）かす国生（くにう）み

2018 年 6 月 21 日　第 1 刷発行
　著　者 ── 白崎　勝（しらさき　まさる）
　発行者 ── 佐藤　聡
　発行所 ── 株式会社　郁朋社（いくほうしゃ）

〒 101-0061　東京都千代田区神田三崎町 2-20-4
電　話　03（3234）8923（代表）
ＦＡＸ　03（3234）3948
振　替　00160-5-100328

　印刷・製本 ── 日本ハイコム株式会社

落丁、乱丁本はお取り替え致します。

郁朋社ホームページアドレス　http://www.ikuhousha.com
この本に関するご意見・ご感想をメールでお寄せいただく際は、
comment@ikuhousha.com　までお願い致します。

©2018 MASARU SHIRASAKI　Printed in Japan　ISBN978-4-87302-673-2 C0095